Pierre Léoutre

Histoire et Mémoire de la Seconde Guerre mondiale à Lectoure (Gers)

Dépôt légal : novembre 2009
ISBN :
9 782810 616343
ISSN en cours

Avec mes remerciements
à la section lectouroise de la Société Archéologique,
Historique, Littéraire et Scientifique du Gers
(www.societearcheologiquedugers.com)

Avant la Seconde Guerre mondiale, Lectoure était une ville paisible et même une bourgade rurale en retard dans ses équipements collectifs, malgré les efforts d'un comité de relèvement. Le 20 décembre 1936, année du Front Populaire, l'événement qui entame les travaux du conseil municipal de Lectoure est la santé du maire, monsieur de Sardac : le président de séance, Charles Dieuzaide, « ouvre la séance et est heureux d'annoncer à ses collègues que monsieur le maire se trouvant malade depuis quelques jours, va de mieux en mieux et est aujourd'hui complètement hors de danger. Au nom du Conseil et en son nom personnel, il forme des vœux pour son prompt et complet rétablissement, espérant le voir reprendre sous peu la direction des affaires communales ». A moins de trois années du plus grave conflit armé qui allait ravager l'Europe et le monde, aucune allusion à la situation internationale n'apparaît dans les délibérations municipales, si ce n'est, toujours le 20 décembre 1936, en fin de séance, la mention disant que « le Conseil adresse au Gouvernement du Front Populaire espagnol l'expression de toute sa sympathie et le prie de vouloir bien transmettre ses félicitations et son admiration aux vaillants miliciens qui luttent pour la liberté avec un courage superbe contre le fascisme ».

Les conséquences meurtrières de la Première Guerre mondiale expliquent certainement ce désintérêt apparent : 124 Lectourois morts au combat ou des suites de leurs blessures ; en 1925, 22 anciens combattants ont encore des séquelles des émanations de gaz toxiques respirées dans les tranchées du Front de l'Est de la France. C'est ainsi qu'au cours de cette période, les seules allusions relatives à la Défense qui apparaissent dans les archives municipales sont des demandes d'allocations militaires.

Trois années plus tard, la situation est évidemment différente. Le 28 mai 1939, les conseillers municipaux étudient le projet de nouvelle Convention entre monsieur le ministre des Anciens Combattants et Pensionnés, et monsieur le maire de Lectoure, pour l'entretien des tombes des militaires « morts pour la France » et des alliés et Allemands décédés au cours de la Campagne 1914-1918, inhumés au cimetière de Saint Esprit ; 73 tombes subsistent encore dans ce cimetière, pour lesquelles Lectoure doit recevoir une allocation de huit francs par tombe entretenue et par année, en rémunération de ses services ; pour justifier l'ordonnancement de cette dépense, la ville doit fournir au ministre un état dans le premier mois du dernier trimestre de chaque année. Cette convention, qui remplace celle du 18 mars 1822, peut être résiliée à tout moment que le ministre jugera convenable, ce dernier pouvant en outre faire contrôler l'entretien des sépultures.

En septembre 1939, les premiers soldats lectourois sont mobilisés et partent sans enthousiasme pour se battre une fois encore contre l'ennemi traditionnel. Quatre tomberont au combat lors de l'offensive allemande de mai-juin 1940, huit décéderont des conséquences de la guerre, quatre-vingts resteront longtemps en captivité ; une quinzaine de prisonniers seulement pourront être rapatriés au titre de la relève ou de la maladie, et deux réussiront à s'évader.

Le 11 octobre 1939, alors que plusieurs élus de la Ville sont marqués au registre des délibérations municipales comme « absents et excusés » car ils sont « mobilisés », le maire de Lectoure lit une lettre de monsieur le préfet du Gers « fixant la situation du personnel des Administrations de l'Etat en temps de guerre. » Les instructions de monsieur le ministre de l'Intérieur transmises par le préfet « laissent le soin aux conseils municipaux d'apprécier l'attitude qu'ils doivent adopter à l'égard des employés municipaux mobilisés ». Les élus lectourois décident « de leur faire accorder l'allocation militaire et de leur payer, à dater de leur rappel sous les drapeaux et jusqu'à la fin des hostilités, leur traitement, compte tenu des soldes de l'autorité militaire et allocations diverses qu'ils perçoivent ». Des crédits sont également votés pour payer les fournitures et les livres scolaires aux élèves dont les pères sont mobilisés.

Une partie de ces mobilisés reviendront cependant au pays natal, mais dans une ambiance de débâcle ; et quatre-vingts autres (235 dans le canton) subiront une longue et dure captivité, malgré l'envoi de colis par la Croix-Rouge... et la rédaction par Paul Barrieu de « Beilhado Gasconno, soubeni de beth tems a... » (« Veillée gasconne, il est venu le beau temps... ») pour soutenir leur moral.

LES RÉFUGIÉS

En outre, le maire de Lectoure fait observer au conseil municipal « qu'ayant été obligé de donner provisoirement la halle à la volaille (emplacement de la poste actuelle) pour le cantonnement des réfugiés, le marché à la volaille se trouve à l'avenir au marché aux vins, en bordure de la Halle aux Grains ; mais qu'il fera tout son possible pour mettre dans le plus bref délai la halle à la volaille à son affectation primitive » (1). Il s'agit d'une allusion à l'arrivée massive, le 6 septembre 1939, de trains de marchandises et de wagons à bestiaux bondés de compatriotes alsaciens évacués brutalement de 81 communes frontalières du Haut-Rhin, le 1er septembre, jour de la mobilisation (2).

« Jamais comme en 1939-1940, le département du Gers n'aura autant mérité sa réputation de terre d'accueil. Déjà, en février 1939, le département avait reçu des familles espagnoles fuyant les troupes franquistes. Dans le cadre de la loi du 11 juillet 1938 sur l'organisation générale de la Nation en temps de guerre, les autorités ont fait procéder par la gendarmerie au recensement des possibilités d'accueil existant dans le département. Les brigades semblent avoir ratissé large : pas une maison vacante, une écurie, un hangar inoccupés qui leur aient échappé, sans trop d'égard toutefois pour leur habitabilité. À titre d'exemple, selon les estimations du moment, les communes du canton de Masseube pouvaient recevoir 3574 personnes, 2730 dans le canton de Jegun. Les ordres de réquisition datant du 27 août 1939, les dispositions sont donc prises pour recevoir les évacués du Haut-Rhin. La ville de Gimont prend à sa charge environ 700 habitants de Blodelsheim et de Munchhouse, Mirande autant en provenance de Fessenheim et de Rustenhart. C'est Lectoure et les communes du canton qui reçoivent le plus gros contingent, 2745 personnes en provenance de Saint-Louis. Ceux-ci arrivent le 6 septembre en gare de Lectoure, après un détour à Auch. Ils avaient voyagé dans des conditions exécrables, dans des wagons à bestiaux ; lorsque les portes de ces wagons s'ouvrirent sur le quai de la gare de Lectoure, de la paille tomba sur le sol. Les enseignants des écoles lectouroises avaient prévenu leurs élèves de cette arrivée et leur avaient demandé de se rendre à la gare de Lectoure pour bien accueillir les réfugiés et les aider à porter leurs bagages. Il est vrai que, quelques années plus tôt, les Lectourois avaient déjà hébergé des Espagnols qui fuyaient la guerre civile et le franquisme.

Septembre 1940, le premier train de réfugiés quitte la gare de Lectoure

(Fonds Léo Barbé)

L'arrivée à Lectoure, en septembre 1939.

(Ouvrage collectif « Mémoire d'un exode – l'évacuation de St Louis, 1939-1940 »)

L'installation est laborieuse mais chacun y met du sien. Très vite, une lacune est apparue : l'insuffisance des moyens en eau potable dont souffre chroniquement le département. Il y sera remédié dans les mois qui suivent par des travaux d'adduction et des ouvrages de filtration et de stérilisation des eaux de rivière, d'autant que d'autres réfugiés sont en route. Ce sont ceux de Habsheim répartis sur Vic-Fezensac et Jégun, de Rixheim dont hérite le canton de Valence-sur-Baïse. À son niveau le plus fort, le département du Gers accueillera à la centaine près 7000 Haut-Rhinois.

Rejetés pendant trois jours et trois nuits de gare en gare, les malheureux réfugiés alsaciens, dont beaucoup sont originaires de la ville de Saint Louis, ont fini par arriver dans le Sud-Ouest de la France et au bout du compte à Lectoure, où le maire, le docteur Jules de Sardac, a la générosité de leur offrir l'hospitalité. Georges Courtès, président de la Société Archéologique et Historique du Gers, a fait cette description de la situation des « réfugiés de Saint Louis à Lectoure » : « au matin du 6 septembre, plusieurs trains de marchandises bondés d'Alsaciens rejetés de gare en gare stoppent en basse ville. Voudra-t-on les recevoir ? Ou présentera-t-on comme ailleurs des motifs valables pour les rejeter ? Le maire de Sardac, n'écoutant que son bon cœur, met tout en œuvre pour accueillir dignement ces nouveaux venus qui ne lui étaient pas destinés. Car, partis le 1er septembre, jour de la mobilisation, selon un plan d'évacuation soi-disant pré-établi, les habitants de Saint Louis et de quatre-vingts autres communes frontalières du Haut-Rhin se trouvent sans point de chute : leur odyssée dure trois jours et trois nuits entassés dans des wagons à bestiaux, puis c'est le sud-ouest, et Lectoure... Là tout doit être organisé sur-le-champ ; un comité d'accueil réuni autour du maire fait face aux demandes les plus pressantes des Ludoviciens : « La halle aux blés, les salles d'école, la salle de danse, la salle Barthe (une salle de danse et de spectacles au-dessus de la pâtisserie de la rue Nationale) sont rapidement transformées en dortoir. Certains trouvent à se loger immédiatement chez l'habitant, d'autres un peu plus tard au fur et à mesure que les logements vacants peuvent être mis en état par les ouvriers de Saint Louis. Jeunes gens et jeunes filles parcourent les rues avec des carrioles et ramassent denrées, ustensiles, literie, tout ce qui peut être utile aux réfugiés. Il fallait trouver chaque jour 600 litres de vin et 600 kilos de pain gratuits pour eux. 1500 repas quotidiens étaient servis chaque midi à la Halle de Lectoure, y compris des saucisses à l'alsacienne ! Il fut nécessaire de fabriquer des paillasses (776), à défaut de matelas, des lits, des tables, des bancs… ». « A chaque repas, il y a de la viande. Les jours de fête, il y a sur la table de la choucroute garnie avec les traditionnelles saucisses. Les gens sont très satisfaits des repas. La preuve : un vote récent duquel il résulte que 95 % des réfugiés sont d'accord pour maintenir ce système d'alimentation de masse. »

Robert LANG, le coiffeur, lave ses serviettes dans la rue. A l'époque à Lectoure, rares sont les maisons disposant d'eau courante.

La corvée quotidienne de pluches à la grande halle.

Pour les 1500 convives quotidiens, une équipe de bouchers-charcutiers.

(Ouvrage collectif « Mémoire d'un exode – l'évacuation de St Louis, 1939-1940 »)

L'une des figures les plus populaires à Saint-Louis comme à Lectoure est celle du poète Victor Muller père, ici avec son ami l'imprimeur Philibert Runser

Les queues pour le ravitaillement. Ici pour le bois qui est stocké derrière la halle. Jules Menweg, maire intérimaire, procède à la distribution

Fonds Léo Barbé

Dans la grande halle, les repas en commun pour 1500 réfugiés.

La queue pour une ration de bois.

La distribution du courrier devant la cathédrale : l'attente d'une bonne nouvelle.

(Ouvrage collectif « Mémoire d'un exode – l'évacuation de St Louis, 1939-1940 »)

La vie s'organise lentement ; bientôt tous ceux de Saint Louis et des communes voisines qui avaient trouvé refuge dans le sud-ouest se regroupent dans le Lectourois : les 1 600 du début seront 3 100 au printemps 1940 ; la grande majorité installée à Lectoure, mais on en compte 134 au Pergain-Taillac, 30 à 40 dans chacune des communes du canton... Le préfet du Gers en personne finit par se déplacer à Lectoure pour obtenir la réquisition de logements en nombre suffisant, afin de vider la

Halle attenante au Petit Bastion, fermée provisoirement avec des planches.

Réfugiés alsaciens à Lectoure
(Fonds Léo Barbé)

Le séjour des Alsaciens étalé sur près d'un an passe par trois phases successives : après les difficultés et les quelques incompréhensions du début se tissent de solides amitiés ou pour le moins une coexistence sans histoire ; par contre les préparatifs du départ en l'été 40 seront entachés de divergences et d'incompréhensions, surtout entre les administrations.

En effet, à côté des structures locales, les Ludoviciens avaient installé leur propre administration : une commission municipale, une école primaire des garçons au pensionnat, une école primaire des filles dans l'école maternelle, un hôpital dans une aile de l'hospice, une maternité de huit lits (27 bébés de réfugiés y naîtront), des cuisines communes installées dans la halle aux grains. Malgré l'effort des bonnes volontés, les conditions de vie demeurent précaires, la promiscuité pas toujours bien supportée : les réfugiés occupent parfois des greniers insalubres, des caves humides (par exemple, dans le musée actuel, sous l'Hôtel de ville, et qui n'avait pas encore été rénové), sans le moindre confort de première nécessité : lors de la séance du conseil municipal de mars 1940, monsieur Marcadet se fait l'écho des habitants du fond du Faubourg Saint Gervais qui se plaignent du sans-gêne de quelques réfugiés de ce quartier. Il faut noter aussi la jalousie de certains Lectourois : les réfugiés, disent-ils, reçoivent une indemnité ; on fait un effort pour eux alors que l'équipement de la ville est très en retard ; désœuvrés, ils passent leurs journées dans les rues, parlant un dialecte aux consonances germaniques, affichant leurs sentiments religieux et envoyant leurs enfants dans des écoles publiques dirigées par des religieuses... C'est ainsi qu'il existait un cours privé animé par des religieuses de Saint Louis, auquel assistaient des enfants alsaciens et quelques Lectourois.

Une maternité de huit lits est installée dans les locaux des sœurs de Nevers, en contrebas du bastion. Vingt-six enfants y verront le jour. Ici sœur Hippolytte tient dans ses bras le premier bébé réfugié, Eugène Egert, né le 11 septembre

Noel 1939, le maire de Lectoure, M. de Sardac, avait tenu à célébrer cette fête des enfants en commun. Ce fut un moment de communion intense entre les deux communautés

(Fonds Léo Barbé)

La mairie de St-Louis repliée à Lectoure - de gauche à droite assis : Georges Pfeiffer, M. Kœnig, M. Strasser debout : Paul Matthern, percepteur, Paul Berdillon, secrétaire général, Edouard Dirrig, chargé des cuisines communes.

Membres de la mairie de Saint Louis à Lectoure
avec leur propre matériel de bureau, en janvier 1940
(Ouvrage collectif « Mémoire d'un exode
– l'évacuation de St Louis, 1939-1940 »)

« Les autorités municipales des deux communautés, les responsables religieux - tant curés, évêques, que pasteurs... - les membres des comités d'accueil prêchent la conciliation ; avec les jours, les différends s'atténuent ; la municipalité de Lectoure profite de cet afflux de population pour réclamer des aides exceptionnelles, notamment le renforcement de la station de pompage de Repassac et la construction d'un troisième réservoir au château d'eau du boulevard Banel. La fête de Noël apparaîtra (pour laquelle le conseil municipal de Lectoure vota une subvention de mille francs afin d'offrir un arbre de Noël aux enfants de Saint Louis et de Lectoure, et prouver ainsi « tout l'intérêt qu'il porte à cette fête ») comme une manifestation de véritable fraternité : jamais les voûtes de Saint Gervais n'avaient connu une telle foule, de tels chants accompagnés par la musique municipale ; les rues avaient été pour la première fois décorées de sapins... Parfois les amitiés se prolongent en mariages unissant des jeunes des deux communautés (12 seront célébrés) ».

« La défaite et l'armistice de juin 1940 placent les réfugiés devant un cruel dilemme : éloignés de leurs habitations familiales, de leurs biens, de leur travail, bercés d'illusions par la propagande nazie qui a soumis l'Alsace-Lorraine à un statut spécial : déjà les Alsaciens prisonniers bénéficient d'un traitement de faveur et sont libérés... Les Ludoviciens manifestent de plus en plus de hâte pour rentrer chez eux ; les Lectourois, surtout la municipalité, ne comprennent pas ce désir et le prennent même pour un désaveu de la France ; les relations s'enveniment à propos de la distribution de colis offerts par la Croix-Rouge américaine aux réfugiés : le maire de Sardac refuse de les livrer : on manifeste devant l'Hôtel de ville, on menace de les prendre de force ; certains magasins baissent leurs rideaux et le préfet alerté envoie sur place des gendarmes pour prévenir de nouveaux désordres ».

« À la fin du mois d'août, la décision est prise : tous ceux qui le désirent partiront : les 4 et 5 septembre, trois trains, cinq à six camions emportent réfugiés et documents officiels en Alsace ; la municipalité de Lectoure refuse d'assister aux cérémonies d'adieu, alors qu'une grande partie de la population accompagne leurs concitoyens sur le quai de la gare. La déception du maire de Sardac transparaît dans la lettre qu'il adresse au Préfet deux mois après leur départ : « ... les réfugiés alsaciens de Saint Louis qui ont quitté Lectoure ont laissé les locaux dans un tel état que personne ne veut plus recevoir de réfugiés et l'on sera dans l'obligation de faire des réquisitions si l'on veut obtenir des locaux... Mes amis et collaborateurs du centre d'accueil qui ont été pour moi des auxiliaires précieux que je ne saurai jamais assez remercier de leur dévouement, sont aussi à bout d'énergie. Ils sont découragés... »

« À la fin de l'été, ces évacués, réfugiés, repliés, dont le nombre peut être fixé à 100 000, selon un rapport du préfet du Gers à Vichy, ont regagné en grande majorité leur pays ou région d'origine, soit par des moyens officiels, soit par des moyens de fortune. Cependant les autorités allemandes ont fixé les itinéraires de retour qui sont, pour d'évidentes raisons de contrôle, les grands axes routiers. Les jeunes Belges ont été rapatriés les premiers, début août, par les soins de l'autorité militaire. La population alsacienne qui désire retrouver ses maisons, ses affaires, reprend elle aussi le chemin du retour. Trois longs trains sont nécessaires pour embarquer les Ludoviciens de Lectoure les 2, 4 et 5 septembre. Il n'en reste plus que 70, qui ont choisi d'attendre la fin de la guerre dans le pays. Ils s'y fixeront définitivement. Entretemps sont rentrés au pays les gens de chez nous, en fait bien peu car il y a des morts, des disparus et surtout des prisonniers. " La Maison du Prisonnier ", organisme vichyste mais prenant le parti des captifs, qui s'est livré à leur recensement, commune par commune, en fixe le nombre à 7036. Ce chiffre en dit long sur l'issue de la campagne, même si par la suite 2324 d'entre eux seront libérés des camps à divers titres. Ce sont comme on sait des armées entières, États-Majors compris, que les Allemands ont capturées.

Les jeunes appelés de la classe 1940, 1er contingent, incorporés à partir du 9 juin 1940, sont du nombre, restés sur ordre dans les casernes comme le dépôt de chars 505 à Vannes (Morbihan) qui est fait prisonnier le 22 juin. Il faudra un certain temps avant que les familles aient des nouvelles, soit depuis les Frontstalags (camp situés en France), soit des Stalags (camps situés en Allemagne) où aboutissent d'ailleurs toujours les premiers. »

Embarquement dans un train à Lectoure

70 personnes resteront à Lectoure. Un certain nombre de jeunes deviendront d'authentiques résistants.

(Ouvrage collectif « Mémoire d'un exode – l'évacuation de St Louis, 1939-1940 »)

« Somme toute, le département du Gers n'est pas des plus défavorisés. Il est en zone non occupée (au moins pour quelque temps encore) et demeure sous administration française. Les réfugiés alsaciens-lorrains qui ont refusé leur rapatriement le savent bien quand ils déclarent aux autorités municipales chargées de les recenser en octobre 1940 qu'ils désirent rester français (sic). Les Juifs, français ou étrangers ont quitté en nombre la zone occupée et beaucoup se fixent dans le Gers, à Fleurance et Gimont notamment. Hélas ! Leur sécurité ne sera jamais totale. Des Juifs étrangers sont repris à Mirande, à Eauze, à Lectoure, à Solomiac en août 1942 pour disparaître à jamais. Il est aussi une chance pour les 3000 Mosellans, expulsés sur ordre du gauleiter Burckel en raison de leurs sentiments francophiles : ils arrivent entre le 14 et le 25 novembre 1940, provenant surtout des arrondissements de Boulay et de Metz-Campagne. Les habitants de Metz et environs (426) sont répartis sur les cantons de Condom et de Valence ; ceux de Louvigny (282) sur Aubiet, Gimont, Mauvezin ; ceux de Lorry-Mardigny (186) sur les cantons de Mauvezin et Cologne ; ceux de Cheminot-Longueville (182) sont envoyés à Vic-Fezensac, pour ne citer que les colonies les plus importantes. Certains ont ramené un exemplaire de l'affiche rouge bilingue ordonnant leur expulsion. Elle fait une forte impression sur les populations qui accueillent avec beaucoup d'amitié les nouveaux venus. Ceux-ci trouvent assez facilement à s'employer dans l'agriculture. Ils sont animés d'un ardent patriotisme. Aussi, on ne s'étonne pas si les jeunes manifestent l'intention de s'engager dans l'Armée d'Afrique qui, à leurs yeux, constitue une grande force militaire capable, aux côtés des Alliés, d'assurer le retour de la France au combat ; quelques-uns s'engagent au 2ème régiment de Dragons installé à Auch depuis septembre, qui, sous l'impulsion de son chef de corps, le lieutenant-colonel Schlesser, se prépare à reprendre le combat. »

« Les Alsaciens ne furent pas les seuls à séjourner quelque temps à Lectoure : après les républicains espagnols, il y eut aussi des Belges, des Mosellans, des citadins revenant à la terre, des jeunes adolescents accueillis par des familles d'agriculteurs... Ce flux de population donna un coup de fouet aux affaires et permit de tisser des liens qui ne se sont jamais rompus ».

L'historien lectourois Léo Barbé a communiqué une lettre écrite le 1er juin 1940, révélatrice du désarroi profond des réfugiés belges aux environs d'Agen : « Quels jours tragiques nous vivons ! Des Belges sont arrivés ici, les enfants tremblent encore lorsqu'ils entendent un avion ; ils ont été poursuivis, mitraillés dans leur fuite, et la félonie du roi a encore ajouté à leur malheur ! La population les a très bien reçus et se montre bonne et généreuse. On n'a pas encore reçu de mauvaises nouvelles par ici mais combien qui tremblent. On est écrasé à la pensée seule de tant de souffrances. »

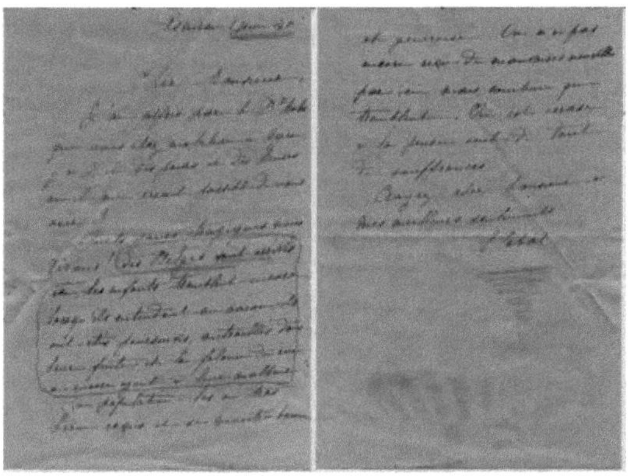

Le 3 mars 1940, les édiles lectourois étudient une demande du maire de Saint Louis, qui souhaite que soit réservé un emplacement pour l'inhumation de ses administrés décédés à Lectoure. Son homologue de Lectoure « fait observer qu'à côté du cimetière de Saint Esprit se trouve un champ appartenant à l'Hôpital Hospice et déjà utilisé en partie pendant la dernière guerre pour l'inhumation des Sénégalais. On pourrait consacrer une partie de ce qui reste à l'inhumation des réfugiés de Saint Louis. Monsieur Dieuzaide propose de reporter à la périphérie le mur de séparation. Le conseil municipal se prononcera à la prochaine séance et fera dresser un plan de cette parcelle par l'ingénieur ».

Après la guerre, les relations amicales entre Saint Louis et Lectoure persistèrent ; dès 1946, le docteur Hurst, maire de Saint Louis, accompagné d'une délégation de son conseil municipal et d'une vingtaine de personnes, se rendirent à Lectoure pour remettre une lettre de remerciement ; et la même année, Saint Louis décida de donner à la rue du Canal le nom de rue de Lectoure. En 1948, la ville de Lectoure inaugura l'avenue par laquelle sont arrivés les réfugiés « l'avenue de la Ville de Saint Louis » (la partie de la route nationale comprise entre Ydronne et l'Hôpital, tel que cela est indiqué dans la délibération municipale du 30 mars 1947) ; le 20 juin 1948, le maire de la commune alsacienne envoya le courrier suivant : « Monsieur le Maire et cher collègue, la délégation de la Municipalité qui a eu le plaisir d'assister à l'inauguration de l'avenue de la Ville de Saint Louis m'a relaté l'accueil que vous lui avez réservé. Au nom de la Ville de Saint Louis, je vous adresse mes remerciements les plus sincères pour ces charmants instants que, grâce à votre bienveillante sollicitude, elle a eu la joie de passer au milieu de vous. Mon merci bien chaleureux également à messieurs les adjoints, à messieurs les conseillers municipaux, à monsieur le président du Syndicat d'Initiative, et à tous ceux qui, d'une façon ou d'une autre, ont témoigné par leur délicate attention leur sympathie aux représentants de la Ville de Saint Louis. » À son tour, la municipalité du Haut-Rhin adresse aux Lectourois « l'invitation de tout cœur à l'occasion des manifestations du centenaire de la création du Corps des Sapeurs Pompiers les 3 et 4 juillet prochain ».

En 1978, Robert Castaing, maire de Lectoure, et Jean-Pierre Joseph, premier adjoint et président du Conseil Général du Gers, relancèrent et renforcèrent les relations amicales entre les deux villes, qui se prolongèrent jusqu'à aboutir le 5 septembre 1999 à l'inauguration à Lectoure de la Maison de Saint Louis, par Jean Ueberschlag, député maire de Saint Louis, et Robert Castaing, maire de Lectoure, à l'occasion du 60e anniversaire de l'évacuation des habitants de Saint Louis à Lectoure.

Maison de Saint Louis à Lectoure.

Affiche à l'Office du Tourisme de Lectoure (dessin de Bernard Comte)

Plaques de rue lectouroises

Photo BARBÉ
LECTOURE

Documents d'époque aimablement fournis par la ville de Lectoure

Devant la mairie de Saint-Louis à Lectoure se trouvent rassemblés autour du maire de Lectoure, M. de Sardac, le maire de Saint-Louis, Marcel Hurst en uniforme de médecin-capitaine, le chanoine Gage et toutes les autorités municipales

Mairie de Saint Louis à Lectoure

Dessin et carte postale de Georges Forlen, archiviste de Saint Louis

Articles de presse publiés en 1989 (Fonds Léo Barbé)

LA VIE MUNICIPALE PENDANT LA GUERRE

En décembre 1939, le maire propose l'octroi d'une seconde subvention de cinq cents francs au « centre commun des Anciens Combattants, nouvellement créé pour l'envoi de colis aux soldats mobilisés nécessiteux de la zone des Armées » ; en effet, étant donné le nombre des mobilisés, le conseil municipal estime que la première subvention du 12 novembre est insuffisante.

Autre décision d'actualité, l'achat d'une sirène en mars 1940 dans le cadre de la Défense passive, « pour prévenir la population de Lectoure en cas d'alerte » : cet appareil, d'une force de 10 CV, coûterait environ 5000 francs, y compris branchement et relais. Dix ans plus tard, Lectoure achètera à nouveau une sirène d'alerte ; mais le contexte est cette fois-ci plus pacifique puisque le 26 mars 1950, un conseiller municipal « se fait l'interprète des Sapeurs Pompiers du centre de Lectoure en exposant les difficultés rencontrées en cas d'incendie la nuit pour alerter les pompiers en temps utile ».

Lors de sa séance du 26 mai 1940, le conseil municipal de Lectoure s'intéresse à la construction d'un troisième réservoir d'eau, un bassin de 100 mètres cubes qui permettrait la distribution d'eau dans toute la ville et à tous les étages. Mais le Gouvernement vient d'interdire tous les emprunts à moins qu'ils ne soient utilisés à couvrir des dépenses pour des travaux de la Défense nationale ; la somme nécessaire pour ce réservoir d'eau, 200 000 francs environ, sera donc empruntée auprès de particuliers car cette construction est rendue nécessaire « par l'arrivée dans la Cité des réfugiés alsaciens pour des raisons d'hygiène ». À la même date, les élus lectourois lisent un courrier que le maire de Saint Louis a envoyé au préfet du Gers pour demander l'autorisation de créer une coopérative d'alimentation pour ses réfugiés ; interrogé par le préfet à ce sujet, le maire de Lectoure répond qu'il existe déjà à Lectoure une coopérative dénommée « Le Syndicat Le Paysan » et que par conséquent une seconde serait superflue ; le conseil municipal approuve cet avis en ajoutant que cette nouvelle coopérative serait très préjudiciable au commerce local.

En effet, l'une des principales conséquences de la guerre est la difficulté en matière alimentaire. Le conseil municipal de Lectoure est amené à présenter au ministre, par l'intermédiaire du préfet du Gers, une demande de dérogation au décret du 29 novembre 1939 interdisant, à compter du 15 décembre, la vente le vendredi de « la viande fraîche, réfrigérée, congelée, salée, préparée ou en conserves », et ordonnant ce jour-là la fermeture obligatoire des « boucheries, charcuteries, triperies, comptoirs d'alimentation pour la viande de quelque nature qu'elle soit ». Or, le vendredi est le jour du marché hebdomadaire de Lectoure et l'application de cette mesure entraînerait « un préjudice considérable pour le commerce de la localité, qui a déjà grandement eu à souffrir de la guerre. C'est le seul où les habitants de la campagne et des communes voisines viennent en ville se ravitailler. Le commerce ne sera donc pas seul frappé par cette mesure, mais aussi les paysans du canton qui profitaient de l'occasion du marché pour venir vendre leurs denrées et leurs volailles à Lectoure et pour leurs achats. Le préjudice porté par cette interdiction sera donc énorme pour le commerce local et pour le consommateur des campagnes, qui ne s'expliquera pas cette mesure et la considérera comme une brimade ». Les élus lectourois proposent de décaler cette interdiction au jeudi, « étant entendu qu'en outre les boucheries seront fermées à Lectoure le lundi de chaque semaine et que la vente du bœuf y sera interdite chaque mardi conformément au décret du 13 octobre dernier ». Ce genre de mesures favorisa évidemment le marché noir.

Le 25 août 1940, le conseil municipal accepte un don au Bureau de Bienfaisance de Lectoure, d'un montant de 750 francs, versé par le colonel Brasseur, directeur de l'Arsenal du Charroi de l'Armée Belge à Anvers, actuellement replié à Lectoure. Le 13 octobre 1940, le Maire fait approuver le paiement d'une somme d'argent à Albert Pujos, « Auto location », domicilié à Lectoure ; ce dernier a porté « d'extrême urgence monsieur Couzinet, major de Police, dans les divers quartiers de la commune pour apposition d'affiches de mobilisation partielles (appel sous les drapeaux par voie de fascicules de certaines catégories de réservistes). Monsieur Pujos ayant de ce fait parcouru 192 kilomètres, il lui est dû à raison de 1f50 le kilomètre la somme de 288 francs ». Le 22 décembre 1940, le conseil municipal accepte à l'unanimité une demande de monsieur S., ancien combattant de Verdun, pour que la place de l'Hôtel de Ville « où est érigé le Monument aux Morts, porte le nom de place du Maréchal Pétain, en reconnaissance du dévouement inlassable *au service de la Patrie* (3) du Grand Soldat, le vainqueur de Verdun, chef de l'Etat Français ».

Le 22 mai 1941, c'est l'installation du conseil municipal car il n'y a plus que 18 conseillers au lieu des 23 prévus par la nouvelle loi électorale du 10 novembre 1940 ; le registre des délibérations municipales mentionne que « le maire tient tout d'abord à témoigner de son entière confiance envers le maréchal Pétain, chef de l'Etat français qui, sur proposition de monsieur le préfet en date du 28 mars dernier et 10 mai courant, nommant comme conseillers municipaux les personnes désignées ci-dessous qui répondent présent à l'appel de leur nom (…) ».

« La municipalité d'union, de type cartel des gauches, qui dirigeait Lectoure sous la houlette du docteur de Sardac depuis 1919, diminuée de quelques conseillers mobilisés ou prisonniers, était donc restée en place jusqu'en mai 1941. « Sur l'intervention du commandant T., président de la Légion et l'éminence grise de Vichy à Lectoure, s'opèrent les modifications imposées par la nouvelle loi électorale : aux vingt-trois conseillers élus doivent se substituer dix-huit conseillers nommés ; on prend soin d'éliminer socialistes et francs-maçons et de faire entrer quelques éléments dévoués au Maréchal et à sa politique : sont démissionnés d'office le docteur Charles Dieuzaide ancien 1er adjoint, Henri Truilhé serrurier, Armand Barbelane, agriculteur à « Johanlane », qualifiés de militants socialistes et Jean Carrété, classé comme « non légionnaire ». Parmi les nouveaux figurent six personnes, dont le commandant T. promu 1er adjoint. Le docteur de Sardac, pourtant peu enthousiaste vis-à-vis du nouveau régime, se prête assez facilement à ces opérations cautionnant les agissements d'une poignée d'adeptes de la mystique de la Révolution nationale. Le commandant T., même après sa démission en 1943, se considérait comme investi d'un droit de regard sur les activités des autorités civiles, droit mal défini mais susceptible de créer un double pouvoir, à l'origine de divisions, de dénonciations, de haines futures... La nouvelle équipe, assurée de son bon droit et dans un esprit de revanche, prend une série d'initiatives, souvent malheureuses, par exemple :

- L'épuration de la bibliothèque municipale afin d'y enlever les ouvrages d'inspiration socialiste et communiste ; le bibliothécaire, Werner, commis à cet effet, ne découvre aucun livre pervers...
- La décision de faire enlever les bustes de Marianne ; la menace de démission d'un conseiller fait remettre à plus tard l'accomplissement de cet acte antirépublicain.
- La nouvelle dénomination des noms de rues : déjà lors de la séance du 22 décembre 1940, un « ancien combattant de Verdun demande que la place de l'Hôtel de Ville porte le nom de place Maréchal Pétain » - aujourd'hui place Général de Gaulle -. Le conseil accepte à l'unanimité et le dimanche 9 mars 1941, à 10 h, a lieu la cérémonie suivie de la prestation de serment des Légionnaires.

Place du Général de Gaulle à Lectoure

L'évolution idéologique est également perceptible dans l'énoncé des mesures prises lors des délibérations du 22 mai 1941 :

- « Sur la proposition de monsieur D. et du commandant T. (4), il est créé une Commission des Réfugiés et une Commission des Étrangers. »

- « Monsieur le maire fait connaître que dimanche prochain 25 courant il sera célébré la fête des mères de familles nombreuses. Il sera distribué à cet effet sur la promenade du Bastion, à 16 heures, des prix en espèces aux mères de familles méritantes de 3 enfants et au-dessus. Pour faire face à cette dépense, le Secours National a voté une subvention de cent francs, la Croix Rouge 200 francs, la Légion des Combattants 100 francs, le Comité d'accueil (blanc), le Syndicat d'Initiative (blanc) soit un total de (blanc). Afin de satisfaire le plus grand nombre de familles, le conseil, sur la proposition de son président, vote la somme de (blanc) qui sera prélevée sur l'article 127, Fête Nationale du 14 juillet, et ordonnancée au nom de monsieur B., conseiller municipal, membre de la Légion, un des organisateurs de la fête ». Cette fête des mères, création du régime de Vichy, sera à nouveau évoquée au conseil municipal du 29 mai 1942 et un budget de 1200 francs sera voté pour la célébration du 31 mai 1942, afin de distribuer des prix en espèces aux « mères de familles nombreuses les plus méritantes ». Idem le 18 mai 1943, avec une augmentation du nombre et du montant de ces prix, afin de montrer « combien il est nécessaire, à présent plus que jamais, de montrer aux mères de familles nombreuses l'intérêt qu'on leur porte ». Pour la fête des mères du 21 mai 1944 sont évoquées des récompenses, à l'occasion de la manifestation prévue sur la promenade du Bastion, avec le concours de la Musique municipale. »

- « Suite à la demande de monsieur B., il est fait par ce dernier, en faveur des prisonniers de guerre de la commune, une collecte qui a produit la somme de 750 francs, qui est immédiatement versée à madame D., présidente de la Croix Rouge, pour lui permettre d'envoyer des colis à nos prisonniers ».

« L'ordre du jour étant épuisé, monsieur le président lève la séance. Hors séance, monsieur le maire propose d'envoyer une adresse à monsieur le maréchal Pétain. Les conseillers sont unanimes à approuver ce projet. Monsieur le maire lit alors l'adresse qu'il a préparée et qui est ainsi conçue : Le nouveau conseil municipal de Lectoure, à l'issue de sa séance d'installation, adresse à monsieur le maréchal Pétain, chef de l'Etat français, l'hommage respectueux de son admiration et de sa profonde reconnaissance pour son œuvre de redressement et d'apaisement national, si vaillamment entreprise. Il l'assure de son inaltérable fidélité et met à son service son dévouement, son énergie et tout son cœur pour l'aider dans sa noble tâche de restauration du pays dans le travail, le respect de la famille, et l'union de tous les Français. Le conseil est persuadé que le glorieux vainqueur de Verdun sauvera aussi la France et son Empire, lui conservera son honneur, et lui rendra son auréole et son prestige des temps passés. Des applaudissements accueillent cette lecture. L'adresse mise aux voix est votée à l'unanimité ».

Quelques mois plus tard, le 18 septembre 1941, le commandant T. revient à la charge et adresse une lettre au maire en ces termes : « Je crois devoir respectueusement rappeler votre attention, en tant que 1er adjoint et président de la Légion, sur l'opportunité de l'enlèvement des salles de la mairie des bustes de la République et de tous les autres symboles ou souvenirs rappelant le régime défunt. Il existe encore, contre un mur de la gendarmerie une plaque portant le nom de Jean Jaurès et rappelant malheureusement une époque au cours de laquelle la lutte des classes et la haine entre Français fut une des principales causes de notre déficience morale pendant cette guerre. La ruelle des remparts baptisée, au temps du Front Populaire, rue Salengro attend toujours qu'on lui redonne son ancienne dénomination. Dans presque toutes les villes de France, toutes les marques par trop visibles d'un sectarisme et d'une politique périmée ont disparu. Lectoure, après les splendides manifestations légionnaires des 30 et 31 août, se doit de ne pas rester en arrière... ».

Georges Courtès rapporte que « plus sérieuse - et surtout préfigurant des représailles plus graves - se présente l'affaire Maupomé : le président de la Légion émet contre lui une plainte écrite auprès de la gendarmerie : il est accusé de gaullisme et d'écouter à tue-tête les émissions anglaises ; le tribunal correctionnel siégeant à Lectoure inflige la confiscation du poste, une amende et quinze jours de prison avec sursis. Cette affaire connaît un grand retentissement, crée un climat de méfiance d'autant plus que la milice fait arrêter quelques mois plus tard trois Lectourois connus, Lesca (inscrit à la S.F.I.O.), Ducassé et Barthe. »

Ce dérapage idéologique est confirmé dans la séance du 29 mai 1942 avec une remise en cause insidieuse du principe de laïcité mis en place par la Loi du 9 décembre 1905 sur la séparation des Églises et de l'Etat : « Monsieur le maire expose au conseil qu'un arrêté en date du 7 octobre 1904 pris après délibération du conseil municipal, interdit les processions sur tout le territoire de la commune de Lectoure. Monsieur Sentex, archiprêtre, est venu demander son abrogation à la municipalité ; dans un esprit d'union et d'apaisement, il propose au conseil d'annuler cet arrêté et d'autoriser de nouveau les processions. A l'unanimité le conseil décide que l'arrêté du 7 octobre 1904 est rapporté ». Bernard Comte signale que cet archiprêtre Sentex est également connu pour avoir hébergé et sauvé des Juifs pendant cette guerre.

Georges Courtès écrit que « le 7 mars 1943 s'opère un second remaniement municipal. Pour donner à cette nouvelle équipe une crédibilité auprès d'une opinion qui ne comprend pas l'évincement de monsieur de Sardac, le préfet vient présider la séance. Car l'ancien maire, aimé des Lectourois, fut semble-t-il écarté, non pour ses idées politiques mais en raison de son âge : « Avec 80 ans bien sonnés, écrit le commandant T., il est dépassé par les événements, il se replie sur lui-même ; sa conduite est surtout faite de refus systématiques à toute proposition ; certains conseillers l'avaient surnommé « Monsieur non non », mais il reste conseiller... ». Curieux raisonnement pour un défenseur du maréchal qui dépasse à cette époque les 87 ans ! »

« On comprend dans ce climat les limites de l'action municipale, malgré les nombreuses déclarations d'intentions : les budgets augmentent moins vite que le coût de la vie (les dépenses municipales entre 1940 et 1944 augmentent de 25% seulement) ; l'Etat réglemente les emprunts et participe rarement aux grands projets. Selon les consignes de Vichy, l'on s'intéresse surtout aux problèmes de formation de la jeunesse, soit morale à connotation militariste (cérémonie aux couleurs dans les écoles, nom de collège maréchal Lannes donné en 1943 à l'établissement d'enseignement...) soit physique. On prévoit la création de deux terrains de sport scolaire et celle d'un stade : en octobre 1940 la ville achète 2 hectares 81 de terrain à Saint Gény pour y aménager des installations sportives ; le plan de M. Vigué, ingénieur des Ponts-et-Chaussées prévoit : « un terrain de football de 144 X 76 mètres où l'on pourra aussi jouer le rugby, entouré d'une piste cendrée de 5 mètres de large et de 400 mètres de développement pour la course à pied ; un court de tennis, un terrain de basket, des jardins pour enfants, un sautoir, un portique et fronton pour pelote basque. Plus tard pourront être bâties des tribunes avec vestiaires et douches ». Durant la guerre, malgré les promesses, un terrain sommaire sera aménagé et l'espace disponible, divisé en vingt-huit parcelles, distribuées comme jardins ouvriers. Les projets pour les aménagements de Lamarque et de la Croix-Rouge en terrains de sport resteront tout aussi embryonnaires. »

« A partir de la fin 1943, un conseil municipal « croupion » (trois démissions, un prisonnier, cinq à six absents en permanence) expédie les affaires courantes et statue sur les diverses allocations à fournir aux personnes en difficulté : femmes en couches, familles de prisonniers, assistance médicale gratuite... Finalement, le 21 août 1944, deux hommes seuls se retrouvent à dix heures du matin dans le cabinet du maire pour la transmission des pouvoirs : le maire démissionnaire transmet les pouvoirs à Jules de Sardac, conseiller municipal. La légitimité est sauve, comme si rien ne s'était passé en coulisses. »

Un autre signe du « relent de passéisme » de la politique pétainiste est la méfiance envers la jeunesse, évoquée le 18 avril 1944 : « Monsieur le maire exprime les regrets qu'il éprouve de ne pouvoir actuellement faire installer au Bastion, par crainte de détériorations possibles, le panorama de la chaîne des Pyrénées, car il voit avec peine une certaine jeunesse lectouroise se livrer trop souvent en maints endroits à des amusements ridicules et à des déprédations regrettables. » S'agissait-il, de la part de ces jeunes Lectourois, de bêtises puériles ou bien de manifestations de soutien à la Résistance ?

LA VIE QUOTIDIENNE

Georges Courtès écrit que pour la municipalité, la tâche la plus contraignante consiste à répartir les denrées, les produits de première nécessité à l'aide de tickets et à répondre aux réquisitions de l'occupant : un adjudant-chef récemment démobilisé s'acquitte de cette dernière mission en tant que commissaire au ravitaillement. En zone rurale, les soucis alimentaires ne furent jamais très graves : on multiplie les jardins, les élevages de volailles, les abattages de porcs et de veaux clandestins ; pour remplacer les denrées d'importation, l’on utilise des ersatz (saccharine, miel, à la place du sucre, confiture de « condougnat », orge grillée pour remplacer le café...). Chaque ferme cultive des topinambours, du tabac... Des trésors de débrouillardises se révèlent nécessaires pour obtenir de la ficelle de lieuse, du sulfate de cuivre, des pièces de rechange, de l'essence. Dans un article de « La Dépêche » du 12 avril 1943, le chroniqueur local fustige les Lectourois : « Que penser des " resquilleurs " ou des inconscients qui brûlent de l'essence à tout bout de champ, y compris le dimanche pour des motifs de convenance personnelle ? Un peu de pudeur S.V.P. ! ». Quelques véhicules sont équipés de gazogène : le transporteur Lacourt demande en juin 1941 l'autorisation de transformer à ses frais une voiture qui serait à la disposition du public ; mais l'administration s'y oppose car il ne possède pas trois hectares de bois, superficie nécessaire pour fournir le gazogène ; pourtant, une pétition adressée à la préfecture par le canal de la mairie obtient gain de cause.

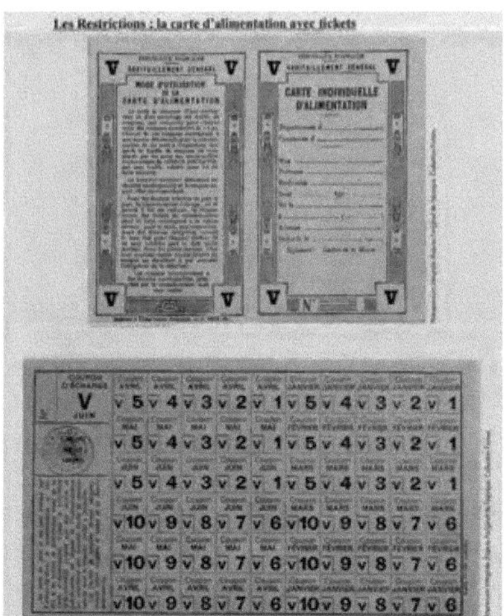

(Documents communiqués par Bernard Comte)

Le sentiment d'être favorisés conduit certains organismes à solliciter l'accueil de jeunes enfants : entre l'été 43 et l'été 45, une trentaine de jeunes du Calvados et de la région de Cannes sont reçus dans des familles de la campagne. Le maire demande au syndic de la corporation paysanne de faire un effort pour prendre des enfants qui risquent la mort à cause des bombardements. Un comité d'accueil des Petits Réfugiés fonctionne deux ans. L'une de ces réfugiés, l'écrivaine Pénélope Le Fers Dupac, aujourd'hui lectouroise, a écrit ce récit émouvant :

Nous sommes en 1944, je suis une préadolescente, je ne mesure qu'un mètre quarante-deux et ne pèse que trente-deux kilos. De mon visage, on ne voit que les yeux continuellement cernés de bleu mauve. Je suis si pâle qu'aux dires de ma tante Odette... Mon teint diaphane lui fait penser aux tasses en porcelaine du XVIIIe. Je ne sais pas si je dois en être vexée ou flattée. Mes jambes sont si maigres que l'on me défend de courir et encore moins de sauter de peur qu'elles se fracturent. Je suis une petite Cannoise que ma tante Léa emmène promener « au jardin des eaux » pour essayer de donner un peu de couleurs à mes joues. Elle partage avec moi, oh! Délice ! La tranche de pain ou de gâteau que notre voisin menuisier (qui connaît les ficelles du marché noir) lui donne chaque fois qu'elle lui tape (elle est sténodactylo) un devis, une lettre ou la paperasserie que la kommandantur exige qu'il remplisse pour continuer à exercer son métier.

J'ai tellement faim que j'engloutis ma part en deux bouchées. De cette époque-là, je ne me souviens que de cette faim qui me taraude l'estomac toute la journée. Le soir, pour pouvoir dormir, je la mate en l'écrasant sous un gros fer à repasser en fonte qui, pour ma chétive personne, me semble peser une tonne. Ce fer professionnel appartenait à ma quinte aïeule Carlotta qui était, paraît-il, la meilleure en l'art de repasser les dentelles et les volants ; il porte une date « 1842 », le reste est effacé. La pauvre femme n'aurait jamais imaginé qu'un siècle plus tard, l'une de ses petites filles de la sixième génération s'en servirait de « trompe la faim ».

Papa est un chef de la Résistance de la première heure. Il est recherché par la Gestapo, ce qui nous fait subir, à peu près une fois par mois, une perquisition ; chaque fois il nous faut pas moins de deux jours pour remettre tout en ordre ; à la fin de la guerre nous en compterons dix-sept, et cela pour ne jamais rien découvrir qui puisse prouver quoi que ce soit ; la dernière fois, dans un tiroir de ma commode, ils ont découvert un santon représentant le Maréchal Pétain et la lettre signée de sa main... Il me félicitait d'être une bonne élève... A la fin de la guerre, j'ai voulu jeter le tout, mais papa m'a dit : « Non ! Garde-le ; après tout, c'est l'Histoire » ; pourtant, il ne le portait pas dans son cœur : en 1940-1941 il avait fait interner mon père à Saint-Paul-d'Ejaux, près de Limoges, dans un camp avec d'autres communistes ou sympathisants.

Maman, trop timide pour être hardie, n'a jamais su approvisionner notre garde-manger autrement qu'en faisant des heures d'attente devant l'épicerie « Au Pierrot Gourmand », où nous étions inscrits ; ces attentes s'appelaient « faire la queue » ; pour ce faire, elle traînait partout un affreux cabas à carreaux noir vert et blanc dans lequel se trouvait un petit pliant de plage pour s'asseoir... Tout cela pour ne rapporter qu'un kilogramme de topinambours ou de navets quand il en restait, lorsqu'arrivait son tour. En passant devant la boulangerie où nous sommes également inscrits, elle prendra nos soixante grammes de pain noir contre des « tickets » et de l'argent ; ce pain a un goût de paille, on n'a jamais su avec quoi il était fait... Noir et compact, il est gluant et colle aux dents... « Au bon lait » où je suis inscrite aussi parce que je suis « J2 », j'ai droit à un quart de lait... Ce lait aura été préalablement écrémé et allongé d'eau par la gérante (plus tard, elle fera de la prison à cause de cela).

Ce quart de lait, maman le donne à Dolorès Rodriguez (les Rodriguez sont une des trois familles espagnoles qu'en 1938, mes parents avaient recueillies, alors qu'ils fuyaient Franco). Pour le moment, Dolorès se trouve chez nous car elle vient d'accoucher d'un bébé minuscule qui pèse un kilogramme 280. Il dort dans une boîte que maman a tapissée et molletonnée avec quelques poignées de laine de mon matelas et avec une nappe brodée de son trousseau de jeune mariée. Il est recouvert d'une couverture également molletonnée de laine ; ce bébé, on ne sait pas si on arrivera à le sauver.

Notre docteur, Raymond Picaud (qui sera à la Libération maire de Cannes), vient le voir trois fois par jour, il désespère de lui faire téter le sein de sa mère, sa bouche est trop petite... Alors il l'aide en pressant ce sein du plat de la main pour faire couler quelques gouttes qu'avec le doigt, il essaye de faire entrer entre les lèvres du nourrisson.

J'ai faim, si faim, que j'envie cette petite chose sans ressort qui a plus l'air d'une poupée de chiffon que d'un petit garçon, qui se permet de dédaigner, ce qui me fait penser à une outre pleine de lait. J'ai faim, tellement faim.

Le papa de ce petit garçon a été arrêté ces jours-ci ; il transportait des faux papiers pour son réseau de Résistance (envoyé dans un camp polonais, il n'en reviendra pas). Dolorès, sa maman, s'acharne d'autant plus à faire vivre son bébé qui est le lien très fort qui lui reste de son époux, son amour.

Sur le balcon, je mâchonne les fleurs d'un géranium anémique qui pousse dans un pot de terre... Chez mes grands-parents maternels, je guette jalousement et avec convoitise les fruits du figuier, seul arbre qui pousse dans ce qui autrefois était une cour, mais qui est devenu un jardin potager depuis que mon grand-père l'a dépavé ; depuis, dans les quarante mètres carrés, il arrive à faire pousser des légumes… Il se bat contre les pucerons, les doryphores, les araignées rouges... et autres... Dont moi, qui lui chaparde les petits pois, les radis… Et les tomates, tout cela encore vert... et les fraises de trois plants, dont je serai la seule à avoir le droit de les manger pour mon anniversaire début mai. Malheureusement, pendant toute l'Occupation, je n'ai jamais réussi à les voir mûrir, je les mangeais avant.

C'est alors que maman a été contactée par des personnes du Secours Populaire clandestin de la côte d'Azur pour que je fasse partie du convoi qu'ils organisent avec les Résistants du rail ; ce convoi devrait partir deux semaines plus tard pour le Sud-Ouest où, dit-on, les greniers regorgent de nourriture. J'apprendrai quelques années plus tard par Vincent Grimaud, devenu maire de Carnoules dans le Var, grand Résistant, que mon père était un des instigateurs de ce convoi avec lui, et d'autres.

Toute ma famille salua le courage de ces hommes et ces femmes de mettre sur pied et mener à bien cette initiative très risquée ; bien entendu en un premier temps, ils repoussèrent l'éventualité de leur confier ma chétive personne, et soulevèrent tous les risques d'un voyage, au moment où la radio du général De Gaulle (radio Londres que mon grand père écoutait l'oreille contre le haut-parleur) nous parlait d'un débarquement de nos Alliés sur les côtes françaises et que les Allemands étaient de plus en plus nerveux, sans compter les trains qui étaient devenus des cibles pour les avions anglais qui croyaient bombarder les Allemands en fuite. Mais moi, qui n'avais entendu qu'une seule phrase... Que, dans le Sud-Ouest, les greniers regorgeaient de nourriture... Je n'eus de cesse de pleurer de supplier tant et tant, qu'enfin après une seconde réunion familiale, tellement apitoyée par mon état physique et mes supplications, ils acceptèrent de me laisser partir.

Et c'est ainsi que deux jours plus tard, je me retrouvai dans un train sale et poussif (mais que je pensais être le plus beau du monde) avec quelques centaines d'enfants à la santé aussi délabrée que la mienne par toutes ces années d'Occupation... Car sur la Côte d'Azur nous avons peut-être souffert du manque de tout davantage qu'ailleurs, puisque la seule chose que nous aurions pu avoir à nous mettre sous la dent, à savoir le produit de la pêche, avait été interdite à cause des plages minées et des quais entourés de barbelés (tout cela pour prévenir un débarquement qui aura tout de même lieu, quelques mois plus tard en Normandie et du côté de Fréjus). Et nous savons qu'en Basse Provence d'outre Siagne, la terre est aride et truffée de caillasses et qu'à part des fleurs, pas grand-chose ne pousse. Alors vous pouvez vous imaginer la joie que j'éprouvais de partir pour cet Eldorado que l'on nous promettait.

Le voyage dura deux longs jours, avec des arrêts intempestifs sur des voies de garage, trois fois pour échapper à des bombardements, une autre pour charger de mystérieuses caisses et très souvent pour faire le plein d'eau de notre locomotive qui marche à vapeur. Les autres fois sans raison apparente pour nous, ce convoi se traînait lamentablement et je vous laisse imaginer la turbulence de tous ces enfants... Mourants presque de faim, car en deux jours l'on ne nous avait distribué que quelques tranches de pain, deux œufs durs, deux morceaux de sucre et une pêche. De ce train, à part sa lenteur et ses arrêts, je ne me souviens que d'une chaleur accablante, d'une soif inextinguible et d'une poussière de suie que crachait la cheminée de notre bolide asthmatique, si bien qu'au bout de quelques minutes, nous ressemblions davantage à des minuscules ramoneurs savoyards qu'à de petits êtres humains en partance pour des vacances de rêve. À dix, dans le compartiment, nous avons passé les deux nuits endormis les uns sur les autres... Le cauchemar quoi... Je me demande encore, soixante-cinq ans plus tard, comment nos parents auraient pris la chose s'ils l'avaient su.

Enfin, après une attente de quelques heures sur les quais de la gare de Toulouse, où notre train nous avait vomis, hagards, malades pour la plupart, on nous entassa ensuite dans plusieurs « Micheline » guère plus reluisante que notre train, mais qui, elles, allaient nous laisser par petits groupes d'une cinquantaine dans des petites villes du Tarn, du Tarn-et-Garonne, de la Haute-Garonne, et du Gers ; c'est dans celle du Gers que je montais... Après s'être arrêtée à Agen. Layrac... Astaffort... ce fut à Lectoure que je me trouvai propulsée dans la travée ; j'eus à peine le temps d'attraper ma valise qu'emportée par le groupe, je descendais sur un quai désert... Ouf ! Soulagement : on avait parqué toutes les personnes qui nous attendaient sur la place à la sortie... On nous groupa au pied d'une estrade de fortune et l'on commença à nous distribuer. Une dame lisait sur un cahier le nom de l'enfant qui devait aller chez… Suivait le nom d'une famille... Toutes ces personnes étaient stupéfaites de notre état physique... Nous étions tous, trop petits, trop maigres, trop pâles,... pour notre âge. Des dames avaient les larmes aux yeux, certaines pleuraient en serrant dans leurs bras l'enfant qui leur était octroyé comme un paquet de la Croix-Rouge. Cette petite ville de Lectoure n'était pas à son premier accueil, ayant déjà à plusieurs reprises ouvert les bras à des Juifs, à des Espagnols, à des Alsaciens qui eux étaient arrivés en masse... Et combien d'autre. J'ai été souvent étonnée que cette petite ville n'ait jamais reçu une médaille de remerciement et pourquoi pas « la médaille des Justes »... Chaque enfant était attendu et emmené aussitôt par la famille d'accueil qui, en chariot attelé à un ou deux chevaux, qui, en voiture à gazogène, qui, en carriole derrière une bicyclette ; bref, tous les enfants partirent et moi, je restai : on avait dû m'oublier... Une des dames qui nous avaient accompagnés, « madame Renée Courtaud », que je connaissais, était très embêtée ; elle m'apprit que je devais aller chez un meunier... Quand un monsieur arriva au galop de son cheval pour lui dire que le meunier avait fait transporter dans la nuit son épouse mourante à l'hôpital où elle avait accouché prématurément d'un bébé qui n'avait pas survécu ; mais elle aussi allait très mal et donc ne pouvait pas me prendre.

« Et bien, me dit Madame Courtaud, tu as de la chance, tu vas revoir ta maman plus vite que les autres car je suis obligée de te ramener... ». « Ah ! Mais non ! m'écriai-je, je veux rester... ». Et je fondis en larmes, en protestant fortement de cette malchance qui allait me priver de tout ce que j'avais rêvé pendant ce voyage harassant ; puis je m'écroulai sur ma valise, sous les yeux de cette femme qui ne savait plus quoi faire pour me consoler. Les larmes et la suie sur mon visage faisaient un mauvais mariage. Elle entreprit de me mener devant une fontaine et à l'aide de son mouchoir mouillé elle me nettoya... comme elle le put... M'ayant rendu un visage plus acceptable, elle me cajola. Un autre monsieur sur une bicyclette de course vint lui dire qu'on allait venir la chercher avec une traction avant pour se rendre dans une ferme où la fillette qui s'y trouvait ne voulait pas rester, parce qu'elle avait appris qu'on avait projeté de lui faire garder les vaches ; complètement affolée par la peur de ces gros bovins, elle avait voulu se jeter dans le puits... Bien entendu, l'agriculteur ne la voulait plus.

Quand nous arrivâmes dans cette ferme, j'eus la surprise d'y retrouver Arlette, une de mes compagnes de classe qui avait voyagé dans un autre wagon que le mien. Elle était tellement contente de me voir qu'elle me sauta au cou, elle me serrait dans ses bras à m'étouffer tout en me disant son désespoir de la chambre qu'on lui destinait, où elle m'entraîna... Moi je ne vis de cette chambre qu'une grande pièce sorte de garde-manger où mes yeux éblouis découvrirent, pendus aux solives, des saucisses, des saucissons, des jambons, des quartiers de porc salés, tout autour de la pièce, sur des claies, des figues, des prunes, du raisin séché dans des pots en verre empilés les uns sur les autres, des pâtés... C'était le Pérou et moi j'aurais donné tout ce que je possédais pour pouvoir dormir sur ce divan ... Avec comme ciel de lit toutes ces victuailles... Après l'avoir traitée d'idiote... je courus vers le groupe... madame Courtaud. Monsieur Gardeil, puisque c'était ainsi qu'il s'appelait ses deux filles, et le monsieur qui nous avait emmenées, et je déclarai tout net que moi, je voulais bien rester et garder les vaches ou les cochons... Enfin... n'importe quoi pourvu que l'on me gardât... Et que je voulais bien remplacer Arlette... Mais après m'avoir regardée des pieds à la tête, le fermier déclara en roulant terriblement les R... : « Non ! Je ne peux pas la prendre pour les vaches ; au premier souffle du vent d'autan, il va me l'emporter. »

« Prends les deux », suggère l'homme qui nous accompagne et qui visiblement le connaît bien ; « Je ne peux pas, je n'ai plus un seul lit de libre. » ; il avait l'air gêné (j'appris plus tard que ce monsieur abritait des Résistants... et qu'un jeune boucher abattait quelquefois des bêtes clandestinement chez lui pour nourrir ces Résistants).

« Je ne veux pas partir, gardez-moi monsieur, je vous promets que les jours de grand vent, je ferai en sorte de ne pas m'envoler ! » ; tout le monde éclata de rire, mais le fermier resta intraitable ; moi je pleurais à gros sanglots... Quand une dame que je trouvai très âgée, mais qui, paraît-il, n'avait qu'une cinquantaine d'années, arriva, s'appuyant sur une canne, ayant un pied dans le plâtre ; du plus loin où elle se trouvait, elle jura à voix haute, roulant elle aussi les R : « Eh bien Macaréu, que se passe-t-il ici ? J'entends pleurer et hurler des enfants depuis ma barrière. » Après qu'on lui eut raconté ce qui se passait, et qu'elle m'eut bien dévisagée, n'étant pas, elle, épouvantée par mon poids-plume, elle dit, s'adressant à tous... : « Moi je veux bien la garder, cette drôle... Bien entendu, si vous ne voyez pas d'inconvénient que je ne sois qu'une garde-barrière. »

Je lui sautais au cou... « Oui, oui, madame, prenez-moi, je vous en prie, madame, prenez-moi... ». C'est ainsi que j'échouais chez un couple charmant qui n'avait jamais eu d'enfants ; elle était garde-barrière et lui, cantonnier... Des gens très simples mais quel cœur d'or, quelle gentillesse, quelle érudition... J'ai passé les plus belles vacances qui soient. Les plus belles de ma vie, j'ai été gâtée, adulée comme une princesse.

J'ai aimé et considéré tout de suite Irène et Louis Pérès que j'appelais Tonton et Tatie. Ils me firent découvrir leur adorable petite ville de Lectoure, petite perle du Gers derrière ses remparts moyenâgeux ; ils me parlèrent de ses héros et de leur histoire en me faisant visiter la salle des illustres... On me parla du maréchal Lannes, glorieux général de Napoléon qui était né à Lectoure, s'était engagé en 1792 et était mort à quarante ans à Ebersdorf. Ma Tatie et mon Tonton en savaient très long sur sa vie avec sa première épouse Jeanne Josèphe, surnommée Polette, car du temps de leur jeunesse, ils avaient connu la dernière servante de Polette ; soirée après soirée, elle leur avait raconté ce qu'avait été le calvaire de cette première épouse qu'on avait accusée injustement d'adultère après des rumeurs malveillantes ; cela avait brisé leur union, leur amour car ils vivaient une grande passion ; ils ne s'en remirent jamais même si chacun de leur côté s'était remarié.

Chavirée par tous les malheurs vécus par cette petite Générale, j'avais juré que plus tard je réhabiliterais Polette et le fils qu'elle avait eu de son mari. Tatie avait pris note et me le rappelait chaque fois que je revenais à Lectoure... Quarante ans plus tard, j'ai acheté une maison dans cette ville avec les royalties de mon premier roman ; je la fis restaurer et nous l'habitons toujours, mon fils et moi, vingt-six ans après. Ce ne fut qu'encore plus tard que j'ai enfin écrit ce livre ; mais, hélas, Tonton et Tatie n'étaient plus là... Je crois que, par-delà la mort, ils sont contents. J'ai tenu parole... Mais ai-je réussi à réhabiliter Polette ? Beaucoup me disent que oui... Mais allez savoir... car calomniez... calomniez, il en restera toujours quelque chose, chantait Don Basile dans le Barbier de Séville et Polette et son fils ont tellement été... calomniés.

Lectoure sur son promontoire, entourée de ses remparts, est toujours aussi accueillante ; beaucoup d'Anglais l'ont choisie ainsi que de très nombreux artistes, peintres et écrivains... Moult Alsaciens aussi y viennent par cars entiers en pèlerinage et nous sommes jumelés avec la ville de Saint Louis.

Lectoure... Ma ville de prédilection de choix et de cœur, merci d'exister.

Toujours sur la vie quotidienne à cette époque, des manifestations de masse, des cérémonies en faveur du régime brisent de temps en temps la monotonie : par trains entiers, dans des wagons à bestiaux, l'on se rend à Auch à la rencontre du Maréchal en 1941 ; il y a foule pour l'inauguration de la place

Pétain, la cérémonie de prestation des serments des Légionnaires, la mise en place de la corporation paysanne ou pour la visite du préfet…

LES MILICIENS

Georges Courtès écrit qu'à cette époque, en mai 1943, « les miliciens ont été particulièrement actifs. Ils sont les auteurs de nombreuses arrestations qui ont eu lieu à Eauze, Lectoure et dans la région de Vic Fezensac. » Mais « les Collaborateurs sont cloués au pilori. A mesure que s'intensifie la propagande en faveur de la collaboration avec l'Allemagne, la Résistance réagit de plus belle, parfois durement. Elle ne néglige en tout cas aucune occasion pour dénoncer les propagandistes de tout niveau à l'indignation publique ».

« Fin août 1943, le tour est à Philippe Henriot, l'éminent orateur, qui vient dans le Gers exposer la doctrine du chef de l'Etat et du chef du gouvernement. Il n'y a pas d'incident à Lectoure et à Condom. Mais à Mauvezin où déjà les affiches annonçant la conférence ont été recouvertes de bouse de vache, la réunion tourne court, en raison d'une brutale panne de courant (…). Selon la statistique établie par le correspondant du Comité d'Histoire de la Seconde Guerre mondiale, il y a eu 376 miliciens dans le Gers, dont 21 femmes. Mais encore convient-il de faire une distinction. Tous les miliciens, bien que " soldats du Maréchal ", ne sont pas enrégimentés et soumis à la discipline militaire. Un milicien peut continuer de vaquer à ses occupations ordinaires. Il reçoit le journal de la Milice " Combats ", assiste aux réunions, exprime ouvertement ses opinions, recrute s'il le peut des adeptes, c'est-à-dire tout ce qui caractérise une activité politique. Mais il ne fait pas forcément partie de la force d'intervention de la Milice qui est la " Franc Garde ", formée des éléments jeunes. C'est celle-là qui est véritablement organisée selon les principes militaires. La " Franc Garde " dans le Gers se compose d'un état-major départemental de trois centaines qui forment une cohorte. La centaine I correspond à l'arrondissement de Condom, avec trois trentaines : 1 - Cazaubon, Eauze ; 2 - Condom, Valence ; 3 - Miradoux, Lectoure (Mauvezin et Fleurance sont rattachés à Auch). »

« Les effectifs à la mi-année 1943 sont de l'ordre de 220. Leur répartition dans le département est très inégale : les cantons en tête sont ceux de Lectoure (24), Condom (22), Mauvezin (15), Jégun (15). Par contre on ne trouve que deux miliciens à L'Isle-Jourdain, à Lombez, à Aignan, un seul à Montesquiou et à Nogaro, aucun à Gimont, semble-t-il. Si cette organisation, sur le papier, fait impression, la vérité oblige à dire qu'au cours de l'année 1943, l'activité de la Milice du Gers n'a pas encore été importante. Le 1er mai, elle s'est livrée à un exercice d'alerte dans le Lectourois, aux frais d'ailleurs des participants. C'est encore à Lectoure où, on l'a vu, la densité milicienne est importante, que des heurts se produisent avec la population. Le 28 février 1943 précisément, jour de la constitution officielle de la Milice, les nouveaux miliciens du Lectourois, revenant de la manifestation d'Auch, sont pris à partie par des jeunes de la localité qui le lendemain doivent prendre le train pour l'Allemagne. Dans la nuit, ils ont tracé à la peinture rouge des inscriptions injurieuses sur les habitations des responsables de la Légion ou personnes connues pour leurs idées collaborationnistes. »

Pourquoi autant de miliciens dans cette zone rurale du Lectourois, même si par ailleurs Lectoure a donné également de nombreux Résistants, protégé les réfugiés alsaciens et juifs venus dans cette ville et n'a visiblement pas adhéré à la propagande pétainiste, si l'on sait lire entre les lignes des délibérations du conseil municipal ? Georges Courtès explique que « la grande masse de la population, par désir de tranquillité, solidement encadrée par des hommes et des organisations vichyssoises actives, adhère à la Révolution nationale, ou reste dans l'expectative : le nombre d'inscrits à la Légion est plus élevé que partout ailleurs, on s'honore de fournir des cadres départementaux au régime : le commandant T. à la Légion, W. fils au S.O.L. ». L'influence politique du clergé local de l'époque, qui a tenté de remettre en cause des mesures laïques consécutives à la loi du 9 décembre 1905, constitue sans doute une explication complémentaire dans une ville marquée par la pratique religieuse.

Comme exemple de l'action des miliciens à cette sombre époque, madame Ricarde a rédigé ce récit émouvant sur l'arrestation de son père, Achille Barthe, pâtissier à Lectoure : *« Il fut arrêté le 16 mai 1944, dans la matinée, à son domicile, par la Milice française. Ayant tenté d'échapper à cette interpellation, il a été contraint d'abandonner, ayant été mis en joue, avec menace de tirer, par l'un de ses voisins, commerçant à Lectoure et « bon milicien ».*

Transportées à Auch, les quatre personnes arrêtées (Barthes, Lesca, Ducassé, Manasera) ont été transférées le 17 mai 1944 et emprisonnées à Toulouse, rue Alexandre Fourtanier, au siège départemental de la Milice (sauf Manasera qui était revenu chez lui le 16 mai au soir).
C'est là que commencèrent alors les privations, les mauvais traitements et pour mon père, la torture à l'électricité, qui lui a été plusieurs fois administrée.

Nous avons pu aller voir notre père, mais uniquement avec une permission signée de M. G., chef de la Milice à Lectoure, ou bien du chef départemental de la Milice du Gers.

L'état dans lequel nous avons trouvé ces trois hommes lors de nos visites était pitoyable, lamentable, et le jour où notre père était sorti devant nous de la cave où il venait d'être torturé, est gravé à jamais dans nos mémoires. Nous arrivions toujours avec de quoi manger, car la soupe était très maigre, et du linge propre pour que ces hommes puissent se changer.

Après quelque temps à Toulouse, les prisonniers furent transférés à Pamiers, dans l'ancienne école de la Gendarmerie, mais où l'on retrouvait beaucoup de miliciens, tous armés jusqu'aux dents. Sur la porte de la grande pièce où se trouvaient les prisonniers, était marquée l'inscription : « Pièce réservée aux otages ». Après un interrogatoire serré par le commandant du camp, nous avons enfin pu passer une journée avec notre père. Leur détention paraissait moins dure qu'à Toulouse, mais le 1er août 1944, ils repartirent pour Auch, sauf M. Ducasse, libéré et rentré à Lectoure durant son séjour à Pamiers. Sitôt à Auch, ils furent menacés à plusieurs reprises de passer devant le peloton d'exécution. Mais un chef de la Milice ayant été arrêté par la Résistance, les menaces s'arrêtèrent là. Et si les miliciens ont quitté Auch avec tant de précipitation, c'est parce qu'ils savaient que la Résistance allait les attaquer.

Malgré tout, au matin du 16 août 1944, grandement escortés par des miliciens, ils furent transportés en car vers la gare de Toulouse, pour, certainement, être mis dans un convoi à destination d'un camp d'extermination. Heureusement pour eux, et sans aucune raison, ils furent relâchés, sans papiers, sans de quoi manger et sans savoir où se rendre ; le convoi avait été stoppé aux portes de Toulouse par un bombardement.

Les ex-prisonniers se rendirent à pied dans la ville, à la recherche de secours. Là, mon père retrouva un monsieur Heing, travaillant dans la police, dont la famille, des Alsaciens, résidait à Lectoure. Il s'engagea donc à les ramener chez eux le jour même.

En conclusion, les dates d'arrestation et de transfert de mon père sont les suivantes :

- *14 mai 1944 au 17 mai 1944 à Auch*
- *17 mai 1944 au 1er juillet 1944 à Toulouse*
- *1er juillet 1944 au 31 juillet 1944 à Pamiers*
- *1er août 1944 au 16 août 1944 à Auch*
- *16 août 1944 : libération à Toulouse.*

Mon père faisait partie de la Résistance, raison pour laquelle il a été arrêté. Il hébergeait dans notre maison des militaires anglais et hollandais, envoyés par un prêtre membre de leur Réseau et qui habitait à Langon, dans la région bordelaise. Il cachait si bien chez nous ces militaires alliés que je n'en ai jamais rien su pendant la guerre. Je me rappelle du message codé qui était diffusé à la radio au sujet des résistants envoyés à Lectoure : « Allo, Paris ? Ici, Londres. Les amis du maréchal Lannes vont bien ! »

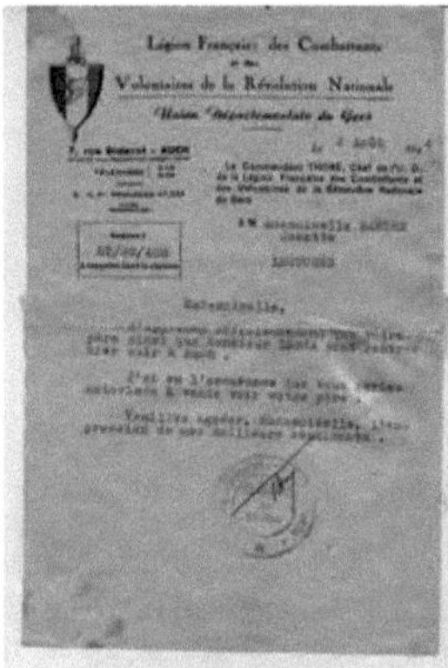
Légion Française des Combattants
et des
Volontaires de la Révolution Nationale
Union Départementale du Gers

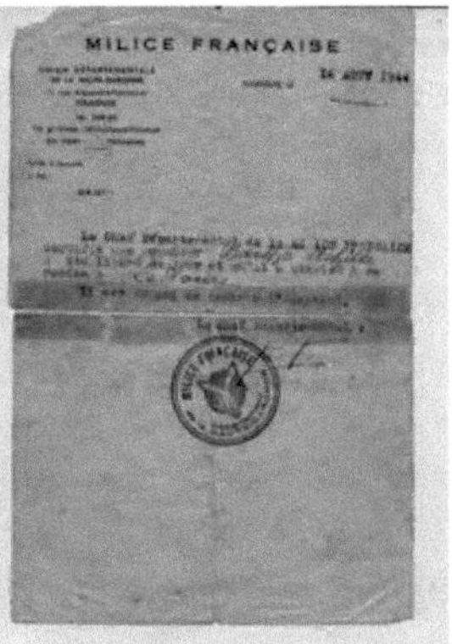
MILICE FRANÇAISE

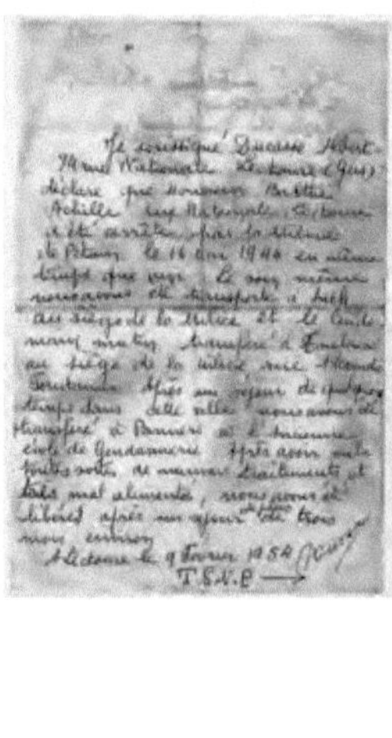
T.S.V.P →

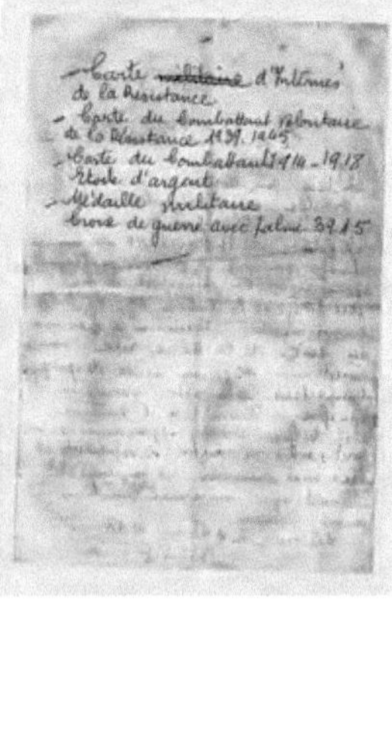
- Carte ~~militaire~~ d'Interné de la Résistance
- Carte du Combattant volontaire de la Résistance 1939. 1945
- Carte du Combattant 1914 - 1918
Étoile d'argent
- Médaille Militaire
Croix de guerre avec palme 39.45

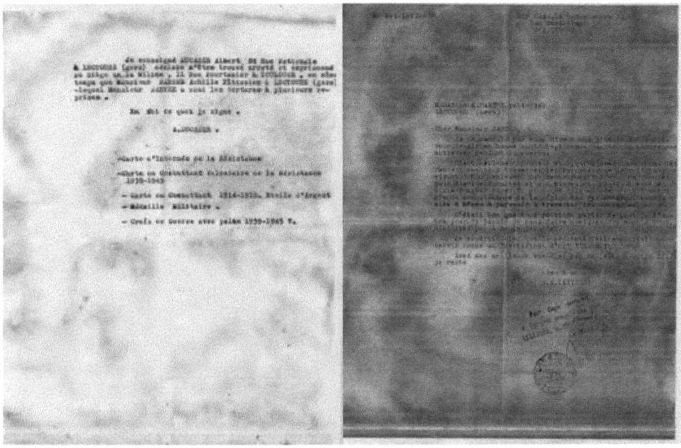

Documents communiqués par Mme Ricarde

LES RÉSISTANTS

Les traces laissées par la Résistance sont évidemment plus difficiles à retrouver, hormis les plaques de rue et les monuments commémoratifs érigés après la guerre. Cette Résistance se manifeste pourtant dans le Gers dès le mois de novembre 1940, tout d'abord par la diffusion d'une littérature clandestine, mais aussi par les actions des militaires du 2e Régiment de Dragons d'Auch, qui est commandé par le lieutenant-colonel Schlesser, ancien chef du Contre-Espionnage et farouchement anti-allemand. A Lectoure, même si la vie locale s'écoule sans trop de heurts en apparence, certains ne restent pas inactifs et s'engagent dans des options diamétralement opposées à la Révolution nationale du maréchal Pétain et lourdes de conséquences.

Résistants lectourois
(document communiqué par Bernard Comte)

D'après Georges Courtès, « l'on ne peut guère parler d'un mouvement de résistance à Lectoure avant les débuts de l'année 1943 : la mise en application de la loi sur le S.T.O. amène une dizaine de jeunes réfractaires à se cacher et à se regrouper autour de Théodule Cantaloup, maire de Saint Mézard, dans une de ses maisons au lieu-dit « Roublanc » : ils constituent l'embryon du premier maquis de notre région » (...). Ça et là quelques personnes écoutent la radio de Londres (Maupommé sera condamné), diffusent sous le manteau des feuilles clandestines (René Vidal, Ducassé...) ou entrent en confiance avec des réfugiés alsaciens demeurés en ville : Auguste Rietsch dirige rue Reilhas une fabrique de blaireaux et propose d'éventuelles actions aux frères Danzas... La nomination de Magne (ancien sous-lieutenant au 2e Dragons d'Auch chargé d'organiser la Résistance dans le secteur nord du département) comme adjoint de René Vidal aux Contributions Indirectes, cristallise ces timides tentatives. Pendant l'intervalle d'une année (juin 43 - juin 44) s'opère un travail souterrain fait de recherche de renseignements, de recrutements, d'écoutes radio, de réceptions de parachutages, de camouflage de personnes, d'entraînement à d'éventuelles opérations. Peu à peu les opinions se précisent, les personnes se dévoilent, les missions se répartissent, même si aujourd'hui encore, toute la lumière ne peut être faite. » Le site web de l'ONAC (5), particulièrement bien documenté, et l'excellente revue R4 (6) mentionnent plusieurs fois la ville de Lectoure et les diverses organisations engagées dans cette naissance de la Résistance gersoise :

"FRANC TIREUR"

« Fondé au plan national par J.P. Lévy, le mouvement "Franc Tireur" n'aura jamais une grande audience dans le Gers. Il est introduit par l'avocat Henri Caillavet, franc-maçon du Grand Orient ; "Franc Tireur" rassemble, en effet, une majorité de francs-maçons. C'est en partie vrai pour le Gers. Henri Caillavet a fait une tournée dans le nord-ouest du département, vers la fin de l'année 1942 apparemment. "Franc Tireur" n'a pas de responsable départemental. Ce mouvement de Résistance diffuse des journaux à Condom ; il existe aussi des petits centres de diffusion à Lectoure, chez l'épicier Ducasse et à Fleurance (...). Outre « Franc Tireur » qui se manifeste à Eauze et à Lectoure, d'autres mouvements de Résistance sont apparus au cours de l'année 1942 : « Libérer et Fédérer » qui a son siège à Toulouse, « Libération » ou « Libé Sud » à Auch et à Riscle. » (7).

LES GUERILLEROS ESPAGNOLS DANS LE GERS

« La Résistance espagnole commence à s'organiser dans le département du Gers en 1942 avec les adhérents au mouvement du P.C.E., l'Union Nationale Espagnole (U.N.E.). Cette organisation prit naissance sous l'égide du P.C.E. en novembre 1942 au cours d'une réunion à Montauban, nommée réunion de Grenoble pour tromper la police, rassemblant onze responsables politiques espagnols de premier plan. Organisée comme un réseau de résistance, l'U.N.E. avait pour objectif l'union de tous les réfugiés espagnols pour combattre Franco et son régime par tous les moyens efficaces. Avec l'occupation de la zone sud par les Allemands, la collaboration avec la Résistance française devint effective, la libération de l'Espagne passant par la libération de la France. (…) Tomas Ortega Guerrero (« Camillo ») donne alors l'ordre à tous les guérilleros du département de rejoindre Castelnau-sur-Auvignon. Le dimanche 18 juin 1944, il en arrive de très nombreuses communes du département du Gers, dont Lectoure. Camillo est le chef incontesté à Castelnau. Il a sous ses ordres Baldomero Rodriguez et Doz. Ainsi est née la 35e brigade de guérilleros du Gers. » (8)

L'ARMÉE SECRÈTE

« L'A.S. (Armée Secrète) a eu quelque temps ses propres agents de liaison utilisés, peu ou prou, par toutes les instances de la Résistance (…). En octobre 1943, il existe une liaison directe avec Aignan regroupant les cantons de Nogaro, Riscle et Plaisance, Valence, Vic-Fezensac, Gimont-Lombez-Samatan, Masseube, Mirande, Miélan et Fleurance (qui regroupe les cantons de Saint-Clar, Mauvezin et Lectoure). (…) Au nord du département, le lieutenant André Magne, devenu commis des contributions, appuie son action sur les frères Danzas, hôteliers à Lectoure. »

« Le capitaine de Neuchèze, promu dans les Eaux et Forêts adjoint à l'inspecteur Kommer, est très actif. Il prend des contacts dans tous les milieux qu'il juge favorables à la Résistance. Il dispose d'un véritable P.C., également mis en place aux Eaux et Forêts, 1, rue de la République, à Auch, qui, sous l'autorité de l'adjudant Grattard, centralise les renseignements et devient le point de chute des agents de liaison. Alors qu'on attend encore des parachutages, de Neuchèze se préoccupe de trouver des armes. Courant mars, il envoie Grattard, secondé par les frères Weiss, mécaniciens à Auch, à Tournon d'Agenais (Lot-et-Garonne), retirer un important lot d'armes, chargées sur deux camionnettes. L'entreprise est risquée car il faut circuler sur des routes contrôlées aussi bien par la gendarmerie française que par les Allemands. Elle réussit néanmoins, malgré un ennui mécanique au cours de la traversée d'Agen. La première camionnette est laissée à Lectoure à la disposition du groupe de Magne, la seconde est conduite à Nogaro au garage Dales, mais au prix d'un détour dans les champs, pour éviter un barrage de gendarmerie. »

« Le 11 novembre 1942, les Allemands sont là, ayant franchi la ligne de démarcation à la limite des Landes. Le 2e Dragons est démobilisé, mais avant de se séparer, Schlesser les exhorte à reprendre le combat le moment venu. Des pelotons entiers se regroupent dans des chantiers forestiers au début de l'année suivante, constituant les premiers maquis : Berdoues, Ponsampère, Manciet, Miélan, Ordan-Larroque. Le 16 février 1943 paraît la loi sur le Service du Travail Obligatoire (STO) appelant les jeunes gens à travailler en Allemagne. Mais tous ne répondent pas et de moins en moins. Certains rejoignent l'AFN (Afrique du Nord) et l'Espagne, d'autres se cachent dans les fermes sous de fausses identités fournies par la Résistance. Cette dernière s'étoffe de jour en jour et se donne de nouvelles structures. Au printemps de 1943 sont créés les M.U.R., Mouvements Unis de la Résistance regroupant « Combat », « Libération » et « Franc Tireur ». A leur tête, il y a Vila qui a trouvé refuge chez Baurens à la campagne, très activement secondé par Bourrec. L'Armée Secrète (A.S.), avec pour chefs Villanova et Termignon, est l'expression militaire de « Combat », puis des M.U.R. Les anciens Dragons (2e Dragons ci-dessus), auxquels se sont joints des éléments civils, constituent l'Armée Régulière (A.R.) et sont sous le contrôle du capitaine de Neuchèze, lui-même subordonné au commandant Pommiès de Toulouse. Les deux organisations agissent en parfait accord au début, puis chacune reprend sa liberté. Les parachutages procurent l'armement aux unes et aux autres. Le premier a lieu dans la nuit du 1er mai 1943 sur les communes de Marsan et

Montaut-les-Créneaux, suivis par ceux de Saint-Médard et de Miramont-Latour en août et de Lectoure en novembre de la même année. »

Les FFI

D'après le Fonds Daniel Latapie consulté par Monique Lise Cohen, les FFI du Gers sont répertoriés de la façon suivante :

« Gers secteur Nord-Est.
Effectifs 995 hommes.
Fleurance, Miremont, Lectoure, St-Clar, Lectoure Nord, Mauvezin, Corps France espagnol, Cie polonaise Montastruc.
Etat Major : commandant Giral (Prosper)
Parmi les opérations :
Compagnie Lectoure Nord : combat d'Astaffort.
12/6/44 : Astaffort : 2 jours : Cie Lectoure et ? : occupation d'un village. »

LES AGRICULTEURS MIS À CONTRIBUTION

« Beaucoup de témoignages recueillis font remonter la filière de camouflage à Alexandre Baurens, agriculteur à Beaucaire-sur-Baïse, qui a longtemps milité dans le syndicalisme paysan et connaît donc beaucoup de monde à la campagne. Payant d'exemple, le canton de Valence-sur-Baïse, puis les cantons limitrophes abritent de nombreux réfractaires. (...) Les réfractaires sont échangés d'une région à une autre. Théodule Cantaloup, à Saint-Mézard, reçoit des jeunes de Miradoux, tout en contrôlant les quelques éléments disséminés à Pergain-Taillac. Dès le 23 juin 1943, on peut considérer qu'un maquis de réfractaires existe dans cette partie du Lectourois. En plus des jeunes cachés dans les fermes, un groupe s'installe à demeure à la maison vacante de " Roublanc ", propriété de Cantaloup. Il fournira les hommes de peine pour les parachutages de Lectoure. »

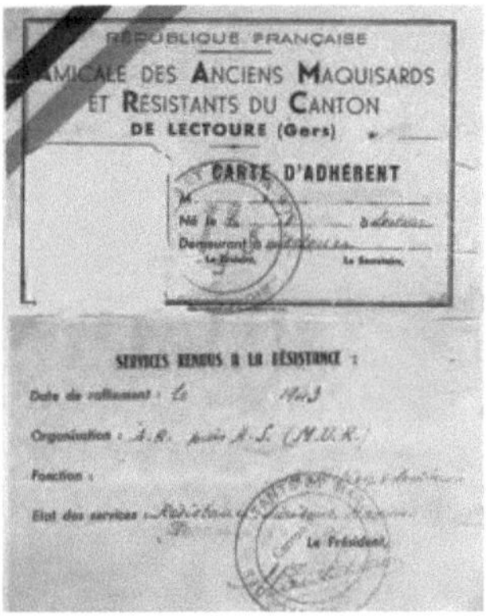
RÉPUBLIQUE FRANÇAISE

AMICALE DES ANCIENS MAQUISARDS ET RÉSISTANTS DU CANTON DE LECTOURE (Gers)

CARTE D'ADHÉRENT

M.

Né le

Demeurant à

Le Trésorier, Le Secrétaire,

SERVICES RENDUS A LA RÉSISTANCE :

Date de ralliement : 1943

Organisation : A.R. puis A.S. (M.U.R.)

Fonction :

Etat des services :

Le Président,

(Document communiqué par Bernard Comte)

UNE NOUVELLE INSTITUTION : LES FAUX PAPIERS

« Une autre condition pour réussir le camouflage des réfractaires tient au changement d'identité. Moins nécessaire sous le seul régime de Vichy, le recours aux pseudonymes devient une habitude avec l'occupation allemande, afin de déjouer autant que faire se peut les roueries de la Gestapo. Pour cela il faut changer complètement d'identité, soit avec la complicité des autorités administratives françaises, soit en utilisant les services d'un faussaire, disons, accrédité. Les deux moyens ont été utilisés indifféremment pour donner peau neuve aux traqués de la Résistance. Le changement d'identité s'appuie, d'abord, sur la possibilité donnée à l'époque aux maires des communes de délivrer des cartes d'identité. Un certain nombre de magistrats municipaux se prêtent à la combinaison, parfois le secrétaire de mairie seul, comme ceux de Lectoure, Marciac, Mirande, Plaisance, Ordan-Larroque (madame Sabathier, morte en déportation), Vic-Fezensac ; parmi les maires, citons, car on ne saurait être exhaustif : Henri Matet, à Monferran-Savès, Fernand Sentou à Cazaubon, René Dutrey à Saint-Martin-Mirande. »

MANIFESTATIONS DE LA RÉSISTANCE

« L'été 1943, Lectoure se met en frais à l'occasion du passage de la " Flamme " de la Légion, allumée sur le plateau de Gergovie, et qui a traversé le département, portée par des coureurs, de Sainte-Mère à Villecomtal. Au monument aux morts, une couronne de verdure est déposée contenant au centre cette inscription à la peinture :

" 27 août 1943, les morts vous parlent :
non, ce n'est pas la flamme de la France immortelle
que des mains criminelles promènent en ce jour.
C'est le quinquet fumant de la trahison même
d'un PETAIN, d'un LAVAL et de tous les vautours ".

En dessous : " Vive la France ", avec la croix de Lorraine et la lettre " C " en son milieu (emblème de " Combat"). »

« Enfin, le 11 novembre 1943, alors que toute manifestation est interdite, les éléments locaux de la Résistance de Marciac et de Mauvezin, obéissant sans doute à un mot d'ordre, déposent au monument aux morts une gerbe avec l'inscription : " Quiconque enlèvera cet objet sera considéré comme anti-Français ". A Lectoure, c'est l'équipe de Fleurance qui a porté au monument une pancarte, bordée des trois couleurs, contenant une stance au " traître " (sic). »

PARACHUTAGES

« En novembre 1943, des agents du B.C.R.A. gaulliste sont parachutés à Lectoure (9). Un autre mouvement, enfin, est connu pour avoir réalisé des parachutages dans le Gers. C'est le M.R.P.G. ou Mouvement de Résistance des Prisonniers de Guerre, allié de l'O.R.A. Par le truchement de cette organisation, le lieutenant Magne, en présence du chef Pommiès, et de Théodule Cantaloup et son équipe de réfractaires, Danzas,

Delarbre, Gleize, Lesca, Vidal et quelques autres, accueillent dans la nuit du 7 au 8 novembre 1943, deux agents envoyés de Londres, Jacques Paris et Bernard Amiot, dans les prés de " Lamothe ", à Lectoure, ainsi que de l'armement. Les parachutistes ne restent pas dans la région ; le matériel est caché d'abord chez Lesca, puis vraisemblablement porté à " Foumagne ", propriété Fournex. Certains témoins prétendent qu'un second parachutage a suivi de près celui que l'on vient d'évoquer. Il est plus raisonnable de le fixer à février 1944, date qui n'est pas contestée (...). La liste des terrains de parachutage du Gers avec indication des dates de réception signale pour Lectoure : 8 novembre 1943, 4 et 8 février 1944, 28 avril 1944. »

Georges Courtès fait ce récit des parachutages effectués à Lectoure : « La réception du matériel de parachutage sera une des première actions à mettre à l'actif des résistants. Par trois fois, sur le terrain de La Mothe, après des soirées d'infructueuse attente, des avions larguent containers, paquets et hommes (8 - 12 novembre 1943). Pour les recevoir il y avait plusieurs personnes regroupées en deux équipes : l'équipe de Lectoure, avec comme chef des opérations Magne, composée de Delarbre, Danzas, Vidal... ; l'équipe de Saint-Mézard sous la direction de Cantaloup comprenant une quinzaine d'hommes, les véritables manutentionnaires. En plus du matériel, des hommes sont largués, au nombre de trois semble-t-il : on est certain de l'identité d'Amiot alias Dillon ou Bernard, saboteur affecté par le B.C.R.A. de Londres au Corps Franc Pommiès et de celle de Jacques Paris.

Bernard s'empêtre dans des fils électriques et fait sauter les plombs du transformateur voisin ; Jacques Paris tombe dans l'eau... Les containers, une vingtaine à chaque largage, se dispersent un peu partout : dans le Gers, sur les arbres ; ils contenaient des armes, des balles, de l'argent ; un paquet retrouvé tardivement, non ouvert mais éventré contenait la somme de cinq millions de francs. Le 29 avril 1944, du matériel est parachuté par erreur au Nord de la commune, une partie à Boulan, une autre aux Ruisseaux Saint-Jourdain ; ayant découvert des colis non récupérés, le garde-barrière de la voie ferrée fait une déposition à la Gendarmerie, ce qui lui valut des représailles de la part des résistants.

Après la réception, la principale difficulté consiste à trouver des caches sûres pour les hommes et les armes ; les hommes logent quelques jours à l'Hôtel Danzas et au Château de Terraube ; quant au matériel, Alfred Lesca, propriétaire à Marcous près de La Mothe, beau-frère de Danzas, le transporte avec une charrette et des bœufs : la première étape consiste à les déposer au lieu-dit « Lafforgue » ; Gleize assure aussi une partie du transport au moyen d'une camionnette Peugeot, propriété de l'Hôtel Danzas ; destinations : les cavités des rochers des Allées Montmorency, une maison hantée ou le Château de Terraube ; dès le début, la marquise de Galard était entrée en relation avec Vidal, Dieuzaide et Batrelle... Mais un domestique du Château étant douteux, les armes sont déménagées et réparties entre Fournex à Foumagne et Descrimes à Saint-Martin-de-Goyne.

Ces armes, avec celles apportées par des volontaires (le vétérinaire Roques donne deux fusils de la guerre 14 - 18 aux frères Danzas), avec les mousquetons amenés par une camionnette en mars 43, permettent d'équiper le futur " bataillon de Lectoure ". »

LES FILIÈRES D'ÉVASION

« Bien qu'à de rares exceptions près, ils aient tous en vue un engagement dans l'armée française aux côtés des alliés, les candidats à l'évasion peuvent être classés en trois catégories :

1) Les militaires de l'Armée d'armistice (autres que les Dragons cités plus haut), démobilisés contre leur gré et désirant poursuivre leur engagement ;

2) Les réfractaires au S.T.O. qui ont choisi de rejoindre l'Afrique du Nord. C'est le lieu de préciser que tous les appelés pour le travail obligatoire en Allemagne n'ont pas subi de visite médicale préalablement à leur départ, comme pouvait le laisser entendre la relation de certains faits dans le dossier " 1943, l'année du rassemblement ". Il y eut certes un examen individuel de la part des médecins français à Casseneuil (Lot-et-Garonne) mais il était de pure forme et fort peu sans doute furent déclarés inaptes.

3) d'autres jeunes gens n'ayant jamais porté les armes, mais aussi des gens âgés, aucun n'ayant à craindre d'être envoyé en Allemagne, mais tous animés du désir de servir dans l'armée d'Afrique ou les Forces Françaises Libres. Dans ceux-là, on a cru bon de ranger des résistants qui, craignant pour leur sécurité, ont choisi de quitter le pays.

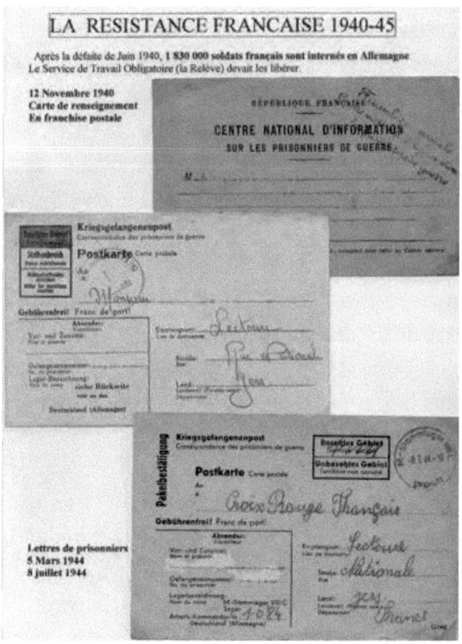

(Documents communiqués par Bernard Comte)

La liste des Gersois qui ont réussi ou tenté leur évasion par l'Espagne comprend 110 noms. Pour la quasi-totalité les renseignements qui ont pu être recueillis surtout auprès des intéressés sont suffisants pour les faire entrer dans les catégories ci-dessus. Les témoignages oraux, malgré les défauts qu'on leur connaît, sont irremplaçables quand il s'agit de savoir comment l'aventure pyrénéenne a été tentée.

C'est une chance si des candidats à l'évasion ont pu entrer en contact avec l'organisation de Chambon, grâce aux honorables correspondants comme madame Jacqueline de Montal à Roquelaure ou monsieur Batrelle, Principal du collège de Lectoure. Elle fait prendre le train aux jeunes gens de préférence dans une petite gare de la ligne Agen-Tarbes. Paul de Chambon, qui est l'associé de madame Bétous-Bruno fabricante de sandales de corde à Fleurance, voyage dans un autre compartiment. De Tarbes, les garçons doivent se rendre à Lourdes, puis à pied gagnent Luz-Saint-Sauveur, Gèdre, Gavarnie et par le Port de Pinède passent en Espagne. (…) Certainement, de Chambon n'est que le maillon d'une chaîne d'évasion qui vient de loin car on y rencontre beaucoup de monde et finalement assez peu de Méridionaux. Mais, le 18 août 1943, il est arrêté en gare d'Agen, ce qui porte un coup fatal à l'organisation (…). Il en est qui, pourtant, doivent rebrousser chemin par suite d'incidents de parcours. Maurice Barès et André Cazals de la région de Lectoure, empruntant la filière de Chambon, ont pris le train de Tarbes puis ont continué en direction de Pierrefitte. Ici les passeurs sont défaillants. Les deux Gersois reviennent alors sur Lourdes. Une rencontre fortuite les fait se diriger vers Bagnères-de-Bigorre. Jouant cette fois de chance, ils s'agrippent au car qui, les jours de marché, monte à Artigues et de là gagnent le chantier de haute montagne de Caderolles où des travailleurs espagnols s'occupent d'eux sans toutefois les conduire à destination. Après une descente pleine d'embûches sur Fabian et sur la foi de personnes rencontrées, ils parviennent aux granges du Moudang. La frontière les attend un peu plus loin ».

SOUS L'UNIFORME

Après le passage en Espagne, c'est logiquement l'arrivée en Afrique du Nord ; par exemple « à Médiouna, dans la région du Grand Casablanca, chaque parti a ses agents recruteurs et chacun a ses arguments. On constate, toutefois, qu'il est plus difficile de s'engager dans les Forces Françaises Libres que dans les troupes de Giraud beaucoup plus traditionalistes et établies en quelque sorte à demeure. Des témoins racontent avoir quitté clandestinement le camp de Médiouna pour s'engager dans la 2e Division Blindée du général Leclerc à l'époque où elle était en voie de constitution à Témara, près de Rabat. Chaque arme, en plus, a ses propres enrôleurs fréquentant ce camp installé au Maroc. (…). Dans les camps, les casernes et plus tard au cours des opérations de guerre, il n'est pas rare de trouver des compatriotes gersois, chevronnés de l'Armée d'Afrique ou ayant rallié les Forces Françaises Libres. On peut citer, bien que la liste reste provisoire, Alcée Nazarie de Lectoure (21e R.I.C.M.). »

LA LEVÉE DES MAQUIS

« De clandestins qu'ils étaient jusqu'alors, les volontaires des formations armées se dévoilent. Ils sortent les armes de leurs caches et gagnent les zones de rassemblement qui leur ont été assignées : Panjas pour le bataillon de l'Armagnac que commande Parisot « Caillou » ; la région entre Miélan et Miramont d'Astarac pour le bataillon Soulès « Salon » ; Castelnau-sur-l'Auvignon pour les recrues du colonel « Hilaire ». Le Corps Franc Pommiès s'organise autour de quatre points principaux : Riscle (bataillon « Carnot »), Gimont (bataillon « Georges »), Monlaur-Bernet (bataillon Ceroni) et Lectoure (bataillon Ernst). » (10)

« L'O.R.A., dite aussi A.R. (Armée Régulière) est représentée par le Corps Franc Pommiès, du nom de son chef qui exerce son autorité sur la région de Toulouse. Le C.F.P. est articulé en unités de guérilla et de destructions, essentiellement mobiles. Son armement provient également des parachutages reçus dans la région de Lectoure et de Seissan. »

« Dorénavant, le Corps Franc " P " (C.F.P.) va s'identifier à l'Armée régulière. Plus commodément, on l'appellera A.R. : Armée régulière ou Armée reconstituée. Il recrutera à la fois dans l'Armée dissoute et dans la population. Du fait de ses origines, le C.F.P. est particulièrement riche en petits cadres, issus des pelotons d'instruction. Ceux-ci ne rencontrent guère de difficultés pour constituer des groupes à base de jeunes qui, pour la plupart, n'ont jamais revêtu l'uniforme mais sont stimulés par les faits d'armes des compagnons de Leclerc ou des troupes françaises en Tunisie, puis en Italie. Il convient de se reporter au dossier documentaire " 1943, l'année du rassemblement " pour savoir le développement pris par le mouvement militaire, grâce certes au sérieux de ses dirigeants mais aussi à ses bonnes relations avec l'organisation des Mouvements Unis de Résistance (M.U.R., comprenant " Combat ", " Libération ", " Franc Tireur ") et leur force armée, l'Armée Secrète (A.S.). Si l'alliance A.S. - O.R.A., sous commandement unique, ne dure qu'un temps, les rapports entre les deux mouvements demeureront empreints de cordialité dans l'ensemble. Mieux, dans le secteur de Lectoure, attribué au sous-lieutenant Magne, la séparation avec l'A.S. entamée en septembre 1943, ne modifiera pas les modalités de l'accord initial : au 6 juin 1944, le chef militaire de la compagnie de Lectoure, l'adjudant Delarbre est assisté d'un chef " civil ", Théodule Cantaloup, le maire de Saint-Mézard. »

DISPOSITIONS DE COMBAT A L'O.R.A. - C.F.P.

« Après sa séparation de l'A.S., le groupement du Gers de l'O.R.A. - C.F.P. avait été confié par le chef Pommiès, vers novembre 1943, au lieutenant Miler, responsable du chantier forestier de Pomsampère. Il le chargeait de former un bataillon d'intervention prêt pour la fin de l'hiver ainsi que des unités de réserve. Pour exercer ses nouvelles fonctions, Miler disposait d'un échelon de commandement de premier ordre, constitué en grande partie de gradés de l'ancien 2e Dragons. Mais le 14 décembre 1943, au matin, la Gestapo appréhendait à Pomsampère et à Mirande la quasi totalité de son personnel. Lui-même échappait de justesse à la rafle. C'est son adjoint, le lieutenant Edmond Ernst, du 23e R.I. de Toulouse, qui le remplace provisoirement. Puis le commandement du Gers est assuré par le sous-lieutenant André Magne, responsable à l'origine du bataillon de Lectoure. Le groupement du Gers disparaît en tant que tel et les éléments qui en faisaient partie sont incorporés au groupement nord-ouest. (...) Dans la région de Lectoure, le travail de recrutement est déjà bien avancé grâce à l'action d'un responsable civil, Théodule Cantaloup, maire de Saint Mézard, qui a regroupé autour de lui des réfractaires au S.T.O. et des hommes sûrs. Terriens en majorité, ils constituent de solides équipes pour l'enlèvement des parachutages. » (11)

« Les forces du C.F.P. se répartissent en deux échelons :

- l'échelon G ou unités de guérilla qui auront pour mission de harceler l'ennemi ;
- l'échelon D ou Destruction comprenant des unités D.V.F. chargées du sabotage des voies ferrées et des unités D.T. visant l'interruption des télécommunications par coupures ou destruction des supports.

Début avril 1944, les effectifs pour le Gers sont les suivants :
Unités de guérilla : encadrement et troupe 361 hommes

Unités D.V.F. : encadrement et troupe 25 hommes
Unités D.T. : encadrement et troupe 25 hommes

À l'exception de la compagnie de Lectoure qui est rattachée au secteur Garonne, les éléments gersois constituent jusqu'au 15 avril 2004 le bataillon d'Auch (...). Sous la direction de Magne, assisté des Lectourois Danzas, Gleize, Lesca, Séguin, Vidal, le terrain de " Lamothe ", situé en bordure du Gers, à trois kilomètres de la ville, est le théâtre de ces opérations aériennes par deux fois au cours de la lune de février, une autre fois sans doute début mars. En même temps, les avions ont jeté des tracts " le Courrier de l'Air " sur la région et jusqu'à Auch. Le matériel parachuté est déposé chez la marquise de Galard à Terraube puis déménagé à " Foumagne ", propriété Fournex. Il en est caché également à proximité de l'hôpital de Lectoure. »

CONSTITUTION ET ACTION DES C.F.L.

« En mars 1944, sont créés au plan national les Corps Francs de la Libération, plus connus sous leur forme abrégée : les C.F.L. Ils doivent regrouper sous un commandement unique tous les éléments actifs de la Résistance : G.F. (Groupes Francs), A.S. (Armée Secrète), A.O. (Action Ouvrière), Maquis, Fer. A l'échelon régional, le regroupement se traduit par la désignation d'un chef unique ainsi que dans les départements. Les C.F.L. constituent les groupes de combat du M.L.N. (Mouvement de Libération Nationale) et font partie à ce titre des F.F.I. (Forces Françaises de l'Intérieur). Ils s'appuient de préférence sur les G.F., ceux-ci ayant en principe déjà participé à des actions de type militaire. Ce n'est que fin avril, par suite de retard de transmission, que les directives nationales ont été portées à la connaissance des responsables départementaux. (...) C'est avec des éléments prélevés sur ces groupes que sont menées diverses actions du type commando, par exemple, les 26 et 27 mai 1944, attentats par explosifs à Auch et à Lectoure contre les personnes ayant dénoncé aux autorités des parachutages. (…) Faute d'armes, aucune formation C.F.L. ne peut cependant voir le jour dans le nord du département : Fleurance, Lectoure, Saint Clar. »

« En l'espace de deux ou trois jours, c'est une véritable mobilisation qui se déroule. Le département se couvre de maquis. Les rassemblements par grandes formations ont lieu en divers points ; dans la région de Lectoure - C.F.P., le maquis s'attaque également aux ponts routiers. Les 26 et 27 juin, on signale la destruction totale ou partielle de plusieurs de ces ouvrages à Arblade-le-Haut, Sainte Christie d'Armagnac, Dému, Lannepax, Gondrin, Montréal. L'action sur les télécommunications est non moins vigoureusement menée. Elle démarre à Auch avec le sabotage (équipe Rival du C.F.P.) des boîtes de coupures et du central téléphonique de la gare. L'effet destructeur du plastic sur les voies ferrées se retrouve aussi sur les lignes téléphoniques qui les longent. Cependant, des opérations ponctuelles ont lieu à Eauze, à l'Isle-Jourdain, à Riscle, à Nogaro, à Lectoure, parfois à deux reprises différentes. Comme il avait été demandé, la garnison allemande d'Auch se trouve dès lors isolée et ne peut que très difficilement communiquer avec l'état-major de Toulouse ou les garnisons voisines. En fait, les forces d'occupation sont peu importantes à Auch : un état-major de liaison, environ 70 feldgendarmes, auxquels il faut ajouter une bonne centaine de miliciens qui se terrent au lycée de garçons, place Salinis. La suite va prouver que le danger vient surtout des troupes de passage ou en opérations. C'est pourtant avec la Milice que le premier accrochage a lieu. Le 7 juin, en effet, à Saint-Martin-de-Goyne, un dépôt d'armes ayant été signalé aux miliciens de Lectoure, ceux-ci s'en sont d'abord emparé, puis ont attendu l'arrivée des hommes du maquis, qui devaient en prendre livraison. Le guet-apens réussit. Deux résistants, Cadéot et Dumas, sont appréhendés. Un officier anglais de l'entourage de " Hilaire ", le lieutenant R.A.F., George Griffin, commandant de bord et mitrailleur, circulant dans les parages, est également capturé. Les miliciens vont le remettre aux Allemands mais libèrent les deux autres. Le colonel " Hilaire " n'entend pas en rester là ; le lendemain, il envoie une patrouille à Saint-Martin-de-Goyne qui capture un milicien, lequel, conduit au camp de Castelnau-sur-l'Auvignon, est passé par les armes. »

« Au soir du 7 juin, Griffin partit avec un commando pour un sabotage vers Lectoure, mais à Saint-Martin-de-Goyne, à quelques kilomètres de leur camp, leur voiture était arrêtée par un petit groupe d'hommes sans uniforme et armés de Stern. Griffin, qui ne comprenait pratiquement pas le français, comprit moins encore la fuite de ses compagnons car ce barrage était celui de miliciens en opération, à la recherche d'un dépôt d'armes. Désarmé et rapidement entravé après un essai de fuite, Griffin fut conduit à Lectoure et durement interrogé par le chef milicien Gardel, puis transféré à Auch où il fut encore plus maltraité. Griffin imperturbablement répondait aux questions en donnant son nom, son grade et son matricule.

Les chefs miliciens d'Auch, évidemment satisfaits d'avoir réussi une si belle capture, la proposèrent au capitaine allemand Jaeger, commandant la place d'Auch et les services de feldgendarmerie (10). Jaeger refusa toute tractation : il ne voulut pas qu'un officier britannique lui soit livré par de « mauvais Français ». Les miliciens envoyèrent alors leur prisonnier à la police allemande de Toulouse qui accepta leur offre, le 11 juin. Incarcéré au P.C. de la police allemande à Toulouse, dans une minuscule cellule sans lumière, pendant deux jours, à nouveau interrogé, Griffin fut ensuite interné à Saint-Michel.

En compagnie de vingt-cinq autres aviateurs alliés, vers le 20 juin, il fut embarqué avec ses compagnons dans un train de déportés et d'otages (dont monseigneur Théas) et après quatre jours de voyage, tous furent internés à Fresnes, où ils demeurèrent jusqu'à la mi-juillet. Après le regroupement de prisonniers alliés venus de toute la France, Griffin fut transféré à

Strasbourg, Wiesbaden et au camp de prisonniers d'Obereusel, puis à Wetzlar où il subit encore des interrogatoires sérieux afin de déterminer précisément son état de soldat régulier, car jusque-là il était considéré comme un agent S.O.E. par le S.O. allemand.

Finalement envoyé au stalag Luft I, à Barth, il reçut le statut de P.G. (prisonnier de guerre). Il ne devait rentrer en Angleterre qu'en mai 1945. »

LES DERNIERS JOURS DE L'OCCUPATION

« A l'annonce du débarquement de Normandie, les divers groupes de résistants plus ou moins homogènes se mobilisent ; pour notre secteur trois « unités » se partagent le territoire ; l'une autour de Larroque-Engalin et Berrac constituée surtout de Lectourois commandés par Dumont (Delarbre, ancien militaire), avec Cantaloup comme adjoint ; des civils font avec eux la liaison : le docteur R. Dieuzaide, Vigué, Vidal, Batrelle... ; une seconde à Castelnau-sur-l'Auvignon dirigée par un colonel anglais dit « Hilaire » ayant avec lui un bataillon d'Espagnols sous les ordres de Camillo ; enfin un noyau à Sempesserre, au lieu-dit Gavach, conduit par le commandant Derinne qui a sous ses ordres un groupement dépendant du Corps Franc Pommiès. »

« Peut-être imprudemment, le samedi 10 juin, le maquis se dévoile et, sous les ordres du capitaine Dumont (Delarbre), occupe la ville : on place un F.M. devant la Poste : le receveur fait prisonnier est amené à Castelnau ; on pille une biscuiterie ; on fait un prélèvement de fonds à la perception ; on parle d'arrêter le commandant T. La gendarmerie, après un symbolique baroud d'honneur, se rend : des résistants armés prennent la place des forces de l'ordre qui reçoivent la consigne de se replier sur Condom. Dans la rue Nationale noire de monde, on chante, on rit, on acclame les héros... Mais c'était faire peu de cas des forces allemandes encore toutes puissantes et de la milice, piquée au vif et désireuse de venger l'offense faite à son délégué local.

Après la joie, la ville vit dans l'inquiétude et flétrit l'acte du 10 juin. »

« Le docteur Dieuzaide, le percepteur, le maire, reflétant les craintes de la population, interviennent auprès du commandant T. pour qu'il leur ménage des entrevues avec le chef départemental de la Milice et le commandant de la Kommandantur à Toulouse. Parallèlement il rencontre sur la place de Lectoure, le chef du maquis (Delarbre) et l'on convient d'une « neutralisation » de la ville : le maquis retirerait ses hommes de permanence à Lectoure, ce qui sauverait la ville d'un bombardement ; et l'on demanderait aux autres parties (Allemands et Milice) l'engagement de ne pas y séjourner. On émet aussi l'idée d'un échange de prisonniers détenus par les deux camps. »

« Durant l'intervalle de ces négociations secrètes se situe l'accrochage d'Astaffort (13 - 14 juin : neuf résistants dont quelques-uns du groupe Delarbre y trouvent la mort) ; les corps sont transportés par la Croix-Rouge de Lectoure à l'hôpital. La nuit, alors qu'on tentait d'identifier les victimes toutes lumières allumées, un avion allemand mitraille l'hôpital, sans faire de dégâts... Mais l'on voyait là le début des représailles... Le maire doit par haut-parleur calmer la population. » (Georges Courtès).

Cette affaire d'Astaffort, « qui a vu s'affronter le maquis et la Milice puis les Allemands, le 13 juin, a été la cause probable du mitraillage, deux jours après, de l'hôpital de Lectoure où ont été transportés, par les soins de la Croix-Rouge, les corps des victimes. Le 6 mai, en gare d'Agen où il a rendez-vous avec André Amio " Bernard ", chef saboteur au C.F.P., est arrêté Hippolyte Layec " Le Moigne ", agent de transmission dans la même formation, résidant à Lectoure. Trouvé porteur d'une valise d'explosifs, il est incarcéré à la maison d'arrêt, puis transféré au fort du Hâ à Bordeaux où il reste plus d'un mois avant d'être déporté. Il est cependant rentré. Entre-temps, la Milice de son côté est intervenue contre la Résistance. Le 16 mai à Lectoure, elle a arrêté le propriétaire Alfred Lesca, voisin du terrain de parachutage de " Lamothe " et chez qui des agents du B.C.R.A. ont transité quelques mois avant, ce que les miliciens certainement ignorent. Ils arrêtent un autre cultivateur Henri Manabera, au " Coutelier " et, en ville, le pâtissier Achille Barthe ainsi que l'épicier Albert Ducasse. Les miliciens ont déclaré au maire qu'ils étaient chargés par l'Intendant Régional de Police d'une mission de maintien de l'ordre. Toutefois, Manabera est libéré dans les jours qui suivent. Les trois autres vont suivre la même odyssée que la plupart des Élusates arrêtés le lendemain. Dans la nuit du 16 au 17 mai, en effet, la Milice se livre dans la ville d'Éauze à une série d'arrestations, accompagnées d'une fouille du domicile qui nulle part ne semble avoir donné de résultats. »

Yann Le Fers-Dupac a recueilli à ce sujet les souvenirs de madame Irène Pérès et monsieur Paul Barrieu : « *Le huit juin, Lectoure est en effervescence, elle vient d'apprendre le débarquement des alliés, l'avant-veille, en Normandie. Aussitôt, c'est le branle-bas de combat dans la ville. C'est alors que le maquis du Gers sort de l'ombre. Les Groupes Francs Tireurs, l'action ouvrière, l'armée secrète, en quelques heures, toutes les forces sont mobilisées. Bien entendu, Lectoure n'est pas en reste. Les diverses organisations comme les FFI, le GF vont rejoindre les autres ; en quelques heures, toutes les forces armées sont mobilisées, on fait sauter, on détruit tout ce que l'on croit devoir l'être ; on va un peu trop vite, ce qui donne lieu à des situations dramatiques… comme par exemple l'arrestation d'un officier anglais de la RAF. Les parachutages d'armes et d'argent se succèdent. Les maquisards doivent se trouver partout à la fois, on demande l'aide de tous, chacun met un point d'honneur à apporter sa pierre à l'édifice.*

A Castex Lectourois, Louis Pérès, cantonnier, avec la complicité du docteur Charles Dieuzaide, prétexte une maladie grave qui nécessite une piqûre journalière ; en réalité, Louis Pérès reçoit tous les jours des directives ou des nouvelles qu'au passage des trains, un cheminot laisse négligemment tomber, enveloppées dans des choses les plus hétéroclites, un peu avant ou après la barrière 14 dont son épouse est la gardienne ; Louis Pérès les transmet au docteur Dieuzaide, qui les transmet à son tour au capitaine Dumont ; ce manège durera plusieurs semaines.

Le 14 juin, tandis que Louis Barrieu, président (ou l'un des présidents de la Croix Rouge) aide son épouse en son magasin, 103 et 105 de la rue Nationale à Lectoure, à divers rangements, entre un homme complètement affolé et essoufflé d'avoir couru de l'Hôtel de Ville jusqu'au magasin, (sans, paraît-il, s'arrêter) ; l'homme crie : « Louis ! Louis ! Vite, il y a eu un accrochage à Astaffort entre les résistants, les Allemands et la Milice, il y a beaucoup des nôtres qui sont morts, il faut aller les chercher ! ». Louis Barrieu, aussitôt, sort la camionnette qui leur sert d'ambulance et, accompagné de cet homme, d'un infirmier et d'une dame Donnevie, aussi présidente (ou vice-présidente) de la Croix-Rouge, foncent sur Astaffort.

Quand ils arrivent, le calme est revenu. Une foule silencieuse monte la garde devant les morts qu'ils ont alignés sur le trottoir : résistants avec résistants, miliciens avec miliciens, Allemands avec Allemands. On les aide à coucher comme l'on peut tous les résistants dans la camionnette, morts et blessés, et toutes lumières éteintes ; heureusement, la pleine lune éclaire la campagne. En prenant des chemins de traverse, ils s'en reviennent avec leur précieuse cargaison. A Lectoure, le docteur Dieuzaide les attend avec tout le personnel. On s'empresse de descendre les morts à la morgue. Pour les blessés, on a préparé des lits de camps au sous-sol, dans une pièce désaffectée sans fenêtre, derrière une buanderie.

Le lendemain, par représailles de n'avoir pris que les blessés résistants, deux avions allemands mitraillent l'hôpital de Lectoure. Heureusement, personne n'est atteint.

Dans l'après-midi, on vient arrêter Louis Barrieu chez lui. Il est emmené à la Kommandantur d'Agen où il sera interrogé assez courtoisement pendant deux heures… Mais les Allemands ont autre chose à faire que de s'occuper davantage de lui, sur lequel ils n'ont d'ailleurs que des renseignements de neutralité, puisqu'il avait eu au début de la guerre des sympathies pour le maréchal Pétain, vite abandonnées pour cause de désaccord sur sa politique ; mais pour l'heure, les Allemands ne cherchent pas plus loin : ils préparent leur départ ; les Alliés avancent ! C'est la débandade parmi les ennemis, ils s'en vont dare-dare, laissant derrière eux une pagaïe pas possible.

Apprenant que la Kommandantur est vide, le docteur Dieuzaide et une poignée de Lectourois qui, depuis quelques jours, recherchent le président de la Croix-Rouge, le retrouvent enfermé dans des toilettes depuis quarante-huit heures, réduit à boire l'eau du réservoir de la chasse d'eau, mais sain et sauf.

La Kommandantur a été plus ou moins vandalisée. Les Allemands ont emporté tout ce qui avait une certaine valeur… laissant derrière eux des cheminées regorgeant des cendres de papiers brûlés, des meubles brisés, de vaisselles cassées, de boîtages, de cartonnages et de matériels inutilisables.
Dans le brouhaha qui règne sur Lectoure, à la nouvelle de nouveaux débarquements, le retour de Louis Barrieu dans notre ville passe presque inaperçu… Pour l'heure, les héros sont ailleurs, là-bas, sur les côtes normandes, se faisant tuer par centaines à la fois. »

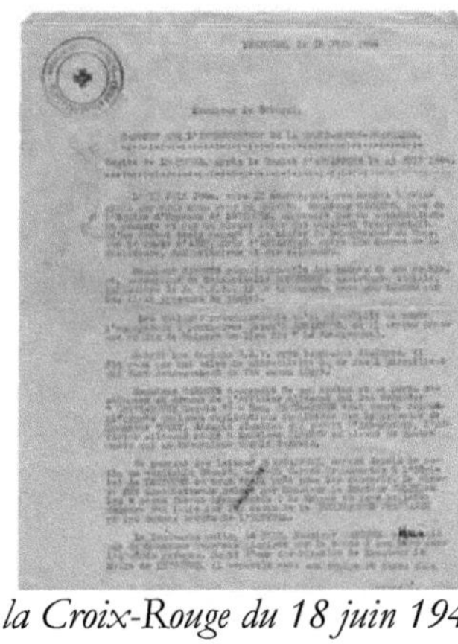

Rapport de la Croix-Rouge du 18 juin 1944 à Lectoure
(Fonds Léo Barbé)

Lectoure (document communiqué par Bernard Comte)

13 JUIN 1944 — 13 JUIN 1974

Trente ans après, Astaffort n'a pas oublié ses enfants sacrifiés

Article de presse sur les commémorations trentenaires du 13 juin 1944 à Astaffort (fonds Léo Barbé)

La panique fut à son comble en juillet 44 lors de l'arrivée au Bastion d'un gros détachement d'Allemands motorisés : une quarantaine de camions avec chacun une vingtaine d'hommes armés jusqu'aux dents. Le maire et le commandant T. rencontrent les officiers allemands, les assurent du calme de la ville depuis le 10 juin et du désarmement de la population. Après discussions, livraisons de marchandises, les Allemands quittent sans représailles la ville… et pour toujours.

Cette période fut aussi utilisée pour tenter d'éviter les ultimes combats entre Français : madame Bajolle ayant servi d'intermédiaire, le commandant T. rencontre en plein air devant la halle le commandant Derinne, officier O.R.A. : on discute pour savoir comment se ferait la reddition de la Milice : les deux hommes tombent d'accord sur des propositions, mais le PC de la Milice à Auch refuse car on vient d'apprendre l'assassinat d'un sympathisant milicien dans un coin du canton occupé par les résistants.

Le commandant T. se rend aussi au PC du maquis pour discuter l'échange de prisonniers : le soir, il expose le résultat de son entrevue au conseil municipal et annonce l'intention du maquis de respecter la neutralité de la ville ; madame Donnedevie le remercie chaleureusement au nom de tous.

Nous devons à Guy Labédan, correspondant du Comité de la Deuxième Guerre mondiale, les précisions sur les derniers jours de l'Occupation allemande : « Arrive le débarquement allié sur les côtes de Provence, le 15 août 1944. Passant à l'action, la Résistance locale se livre à de nouveaux sabotages : le pont de Foissin à la sortie de la ville vers Agen, les lignes téléphoniques à la gare, contribuant ainsi à l'isolement de la garnison allemande d'Auch.

Parallèlement elle se livre à un important travail de recrutement. Avec des éléments de la région de Mauvezin et de Monferran-

Savès, est constitué la compagnie « Calbiot » ou « Sehet », relevant de l'O.R.A. Corps Francs Pommiès. Henri Gleize prend une part active à la mise sur pied de cette formation qui, le 11 août, rejoint le bataillon Miler à Tudelle (Gers).
L'A.S. favorisée par de récents parachutages peut à présent lever deux compagnies, dépendant du bataillon « Prosper » ou Giral :

- la compagnie « E » commandée par l'ingénieur des Ponts-et-Chaussées, Louis Vigué, avec Marius Batrelle, proviseur du lycée, pour adjoint. Ils installent leur PC route de Tané. Les hommes surveillent les voies de communication autour de la ville.

- La compagnie « G » est celle de Th. Cantaloup passé entretemps à l'A.S. ; suivant le plan d'opérations F.F.I., elle se porte à Saint-Cricq, près d'Auch.

Mais ni l'une ni l'autre n'aura à livrer combat aux Allemands qui quittent Auch dans la journée du 19 août. Elles resteront néanmoins en alerte quelques jours encore du fait d'une menace ennemie en provenance du sud du département.

Le 15 septembre, les compagnies « E » et « G » fusionnent. Elles forment la 3e compagnie du bataillon, commandée par le capitaine Simonneau qui s'est installé au château de Larivière, commune de Saint-Martin-de-Goyne. »

LES OPÉRATIONS DE LA LIBÉRATION

« Le 15 août 1944, la VIe Armée américaine et l'Armée B. du général Jean de Lattre de Tassigny ont débarqué en Provence. L'événement était prévu de longue date (opération « Anvil Dragoon »). La fin de l'Occupation allemande dans le Sud de la France se révèle proche. Le Comité Départemental de Libération a désigné, pour succéder au chef Termignon, le commandant Lesur « Marceau », avec la qualité de chef départemental des F.F.I. Comme tel, il a sous ses ordres les bataillons d'origine A.S., reconstitués Soules « Simon » (Sud du Gers), Dorbes « Bertrand » (Est du Gers) et celui de Giral « Prosper » (Nord du Gers) nouvellement mis sur pied grâce à d'importants parachutages dans la région de Fleurance. (...) Le Bataillon Giral a réparti ses compagnies à Fleurance, Lectoure, Saint-Clar, Mauvezin, Cologne. (...) Ils occupent d'importants lieux publics. »

La libération de la mairie de Lectoure
(photographie communiquée par Léo Barbé)

Georges Courtès écrit que « le départ des Allemands donne le signal d'une explosion de joie et de liesse dans toute la région ; la population lectouroise n'est pas en reste : en quelques heures, la ville se décore d'une multitude de drapeaux multicolores et une population surexcitée acclame défilés et démonstrations bruyantes organisées par les résistants. La « tête » du cortège étonne beaucoup de spectateurs ; on connaissait quelques noms, quelques visages depuis le 10 juin, mais on ne s'attendait pas à voir s'avancer côte à côte la marquise de Galard et le communiste Barrière ; on avait peine à concevoir que le responsable local de la Légion, Féréol Baquié, puisse se ranger dans le camp des vainqueurs et prenne le commandement de la Milice Patriotique ! Il avait pu, à son poste, fournir de précieux renseignements à la Résistance. »

Boutique décorée FFI à la Libération de Lectoure
(Fonds Léo Barbé)

« Le lendemain, les lampions éteints, la brigade locale secondée par des collègues venus d'Auch, opère les premières arrestations : puis se succèdent pendant près d'un an, dénonciations, détentions, procès, condamnations... créant un climat tendu, rendant difficile l'apaisement des esprits et la mise en place des institutions républicaines. »

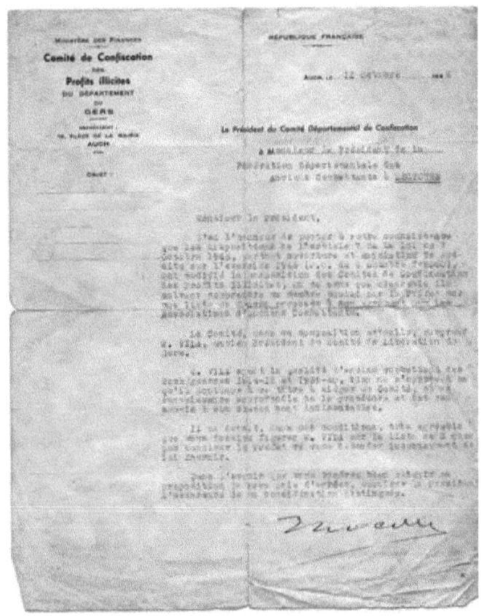
Comité de Confiscation
Profits illicites
DU DÉPARTEMENT
GERS
AUCH
RÉPUBLIQUE FRANÇAISE
La Président du Comité Départemental de Confiscation

Lettre du « Comité Départemental de Confiscation » en octobre 1945
(Fonds Léo Barbé)

« Le 21 août, le maire, démissionnaire, remet ses pouvoirs municipaux à de Sardac, conseiller municipal. Mais le Comité Départemental de Libération nationale ne reconnaît pas cette légitimité : à la mi-septembre, E. Vila, Baurens et Nux viennent installer la Commission Municipale Provisoire ; les principales tendances unies dans la Résistance s'y trouvent représentées avec le docteur Dieuzaide, F. Dumas, H. Lacomme, A. Lesca, M. Batrelle, R. Vidal, A. Ducassé, M. Barrière, A Roques. Au début de sa première réunion, la Commission adresse un témoignage de sympathie à monsieur le docteur de Sardac

" ancien maire de Lectoure et fidèle serviteur de la République ". »

« Les élections municipales de 1945 et 1947 laissent apparaître de nouvelles divisions : le parti radical-socialiste autrefois lié aux socialistes présente des listes d'opposition alors que la S.F.I.O. propose aux communistes quatre sièges. Lentement les séquelles de la guerre s'estompent : un grand banquet fraternel réunit en novembre 1945 les enfants de Lectoure rentrés de captivité et du S.T.O. ; les résistants morts au combat sont honorés sur les plaques des rues et le conseil municipal prévoit la construction d'un " monument simple et de bon goût " sur la place Barton ou les allées Montmorency. En fin de compte les noms des victimes de la guerre et de la Résistance seront gravés sur un soubassement en pierre d'Arudy ajouté à l'ancien monument de 14 - 18. Le dimanche 5 octobre 1948, en l'absence du sous-secrétaire d'Etat à la guerre, empêché au dernier moment, le député Baurens dévoile à une foule nombreuse et recueillie ce nouveau mémorial du souvenir. »

Plaque de rue à Lectoure

LE RETOUR DES PRISONNIERS DE GUERRE

« Au cours des combats malheureux de mai-juin 1940, où fut démontrée la terrifiante efficacité du binôme blindés-aviation, environ 1 580 000 soldats français ont été faits prisonniers. (...)

Début avril 1945, une réunion se tient au siège de la Direction départementale des Prisonniers de guerre, Déportés et réfugiés, 7, rue Diderot à Auch, avec la participation des représentants des divers organismes concernés par le retour des prisonniers et des déportés. Il s'agit, toujours, de recevoir dans les meilleures conditions possibles la masse des prisonniers dont la venue ne saurait tarder, étant donné la tournure des évènements militaires. (...) Ici encore la solidarité " prisonnier " joue à plein. Les associations cantonales vont prendre le relais du centre d'accueil d'Auch. On signalera le centre d'accueil de Lectoure qui se charge d'aller chercher les rapatriés soit à Auch, soit à Agen et de les ramener dans leurs foyers ; le centre d'accueil de Condom fait appel aux automobilistes de passage à Auch ou à Agen pour prendre en charge les prisonniers de l'arrondissement. »

LETTRES de travailleurs civils en Allemagne
Carte postale 15pf
Heidenau
censure spéciale
10 Mars 1944
pour Lectoure
Postkarte
Carte postale 15pf
Heidenau
Marque de censure
18 Avril 1944
pour Lectoure
Postkarte

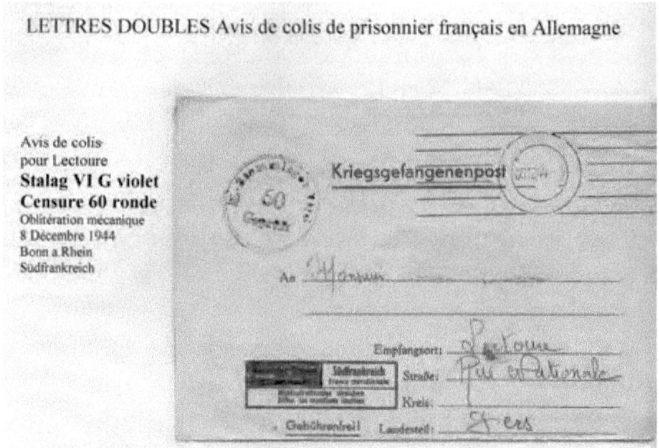

LETTRES DOUBLES Avis de colis de prisonnier français en Allemagne
Avis de colis
pour Lectoure
Stalag VI G violet
Censure 60 ronde
Oblitération mécanique
8 Décembre 1944
Bonn a Rhein
Südfrankreich
Kriegsgefangenenpost
Empfangsort:
Straße:
Kreis:
Gebührenfrei
Landesteil:

(Documents communiqués par Bernard Comte)

MÉMORIAL DES COMBATTANTS DE LA RÉSISTANCE FRANCAISE

« Le Service départemental a recensé l'ensemble des Gersois morts dans la Résistance. Toutefois, cette liste ne comprend pas les résistants morts en déportation ; leur liste peut être consultée sur la page consacrée aux déportés résistants. Au total, 193 personnes sont décédées dans les rangs de la Résistance française. A ces listes, il convenait d'ajouter les noms des 14 combattants de nationalité espagnole qui ont trouvé la mort dans les maquis du Gers en luttant contre l'occupant nazi. Ils appartenaient pour la plupart au 541e Groupe de Travailleurs Etrangers de Fleurance et à l'organisation clandestine de l'U.N.E. (Union Nacional Española). Ils étaient domiciliés dans le Gers et la mention "Mort pour la France" leur a été attribuée. Le mémorial qui suit est clôturé au 20 août 1944, date de la libération du département. Au-delà de cette date, les résistants sont assimilés à des soldats de l'armée régulière. » Plusieurs Lectourois apparaissent sur ce Mémorial :

ANTICHAN René - Lectoure
Corps Franc Pommiès
né le 18 février 1915 à Condom (Gers)

décédé le 22 juillet 1944 à Barran (Gers)
à l'âge de 29 ans

Plaque de la rue René Antichan à Lectoure,
assassiné par les Allemands le 20 juillet 1944

DANZAS Marcel - Lectoure
Corps Franc Pommiès
né le 1er mai 1904 à Sidi-Bel-Abbès (Algérie)
décédé le 13 juillet 1944 à Caixon (Hautes-Pyrénées)
à l'âge de 40 ans

DANZAS Paul - Lectoure
Corps Franc Pommiès
né le 21 juillet 1902 à Mascara (Algérie)
décédé le 13 juillet 1944 à Caixon (Hautes-Pyrénées)
à l'âge de 41 ans

Plaque de la rue des Frères Danzas à Lectoure,
assassinés par les Allemands le 13 juillet 1944

LACOMME Pierre - Lectoure
Victime du travail forcé
né le 23 septembre 1922 à Lectoure (Gers)
décédé le 17 avril 1943 à Oppeln (Allemagne)
à l'âge de 20 ans

MAGNE André – Lectoure
commis des Contributions
lieutenant au Corps Franc Pommiès
décédé le 13 juillet 1944 à Caixon (Hautes-Pyrénées)

Plaque de rue de l'Avenue André Magne à Lectoure,
assassiné par les Allemands le 13 juillet 1944

RENGADE Pierre - Lectoure
Forces Françaises de l'Intérieur
né le 14 mai 1924 à Lectoure (Gers)
décédé le 21 juin 1944 à Castelnau-sur-l'Auvignon (Gers)
à l'âge de 20 ans

SCHREYER Marcel - Lectoure
Corps Franc Pommiès
né le 17 avril 1928 à Bâle (Suisse)
décédé le 15 juillet 1944 à Faget-Abbatial (Gers)
à l'âge de 16 ans

SEGUIN Daniel - Lectoure
Corps Franc Pommiès
né le 30 septembre 1915 à Marmont-Pachas (Lot-et-Garonne)
décédé le 13 juillet 1944 à Caixon (Hautes-Pyrénées)
à l'âge de 28 ans

Plaque de rue de la Place Daniel Séguin à Lectoure, assassiné par les Allemands le 13 juillet 1944

AUTRES LECTOUROIS ENGAGÉS DANS LA RÉSISTANCE

Le site web de l'Assemblée Nationale (www.assemblee-nationale.fr) signale la biographie de « Paul, Marie, Joseph Barennes, né le 8 janvier 1904 à Lectoure (Gers) et décédé le 28 juillet 1965 à Meaux (Seine-et-Marne), député de la Seine-et-Marne de 1956 à 1958. Fils d'un tailleur et d'une modiste de

Lectoure, Paul Barennes poursuit ses études secondaires au collège de sa ville natale, puis au lycée de Toulouse. Après ses deux baccalauréats, il entre à la Faculté des sciences de Toulouse dont il sort licencié. Il est alors répétiteur dans différents collèges (Nogent-le-Rotrou, Chalons-sur-Marne, Meaux). A l'issue de son service militaire effectué de 1929 à 1931, il est nommé professeur adjoint de mathématiques au collège de Meaux, ville où il se marie et effectue toute sa carrière d'enseignant. Réformé en 1940, Paul Barennes ne participe pas aux opérations militaires de la campagne de France ; en revanche, il entre très tôt dans la Résistance. Il exerce les fonctions de responsable départemental de l'Organisation civile et militaire (OCM) pour le nord de la Seine-et-Marne. A la tête de son mouvement, Paul Barennes organise et dirige des parachutages d'armes pour le compte du Bureau des opérations aériennes, dépendant du BCRA de Londres. Du 20 au 31 août 1944, il prend part aux combats de la libération de la région de Meaux, notamment à l'opération de protection du pont neuf le 27 août 1944. Le 28 août, il est nommé maire provisoire de Meaux et capitaine FFI le 7 septembre suivant. Il est également président du comité de libération de Meaux, vice-président du comité départemental de libération de la Seine-et-Marne et membre du comité directeur de l'OCM. Aux élections municipales de mai 1945, ses fonctions de maire lui sont confirmées par les quatre cinquièmes des suffrages exprimés. A cette époque, il est membre de la SFIO (qu'il quitte en 1950) mais dirige une large liste d'union de toutes les tendances politiques. Il conserve son mandat municipal pendant toute la IVe République. » Sa disparition souleva une profonde émotion dans sa ville d'adoption où il était très populaire (13).

MILITAIRES AFFECTÉS À DES UNITÉS DE LA CAMPAGNE DE 1939-1940, DES FORCES FRANCAISES LIBRES OU À DES UNITÉS DIVERSES :

BENSE Georges - Lectoure
153e Bataillon de l'Air

né le 13 avril 1897 à Saint-Martin-de-Goyne (Gers)
décédé le 9 juillet 1940 à Lectoure (Gers)
à l'âge de 43 ans

BORDES André - Lectoure
15e Régiment d'Infanterie Alpine
né le 13 janvier 1913 à Lectoure (Gers)
décédé le 4 juin 1940 à Moyenneville (Somme)
à l'âge de 27 ans

CASTAREDE Léon - Lectoure
17e Compagnie d'Ouvriers d'Artillerie
né le 11 mars 1901 à Fleurance (Gers)
décédé le 22 décembre 1939 Rochefort (Charente-Maritime)
à l'âge de 38 ans

COLL Justin - Lectoure
77e Groupe de Reconnaissance de D.I.
né le 19 août 1912 à Pauilhac (Gers)
décédé le 24 avril 1940 à Nancy (Meurthe-et-Moselle)
à l'âge de 27 ans

GASSET Emile - Lectoure
74e Groupe de Reconnaissance de D.I.
né le 11 février 1913 à Saint-Clar (Gers)
décédé le 15 février 1940 à Bitche (Moselle)
à l'âge de 27 ans

JOHE Paul - Lectoure
5e Dépôt de la Marine
né le 13 décembre 1912 à Saint-Louis (Haut-Rhin)
décédé le 17 janvier 1942 à Auch (Gers)
à l'âge de 29 ans

NAZARIE Alcée – Lectoure
Passe en Afrique du Nord pour s'engager en 1942 au 21e

Régiment d'Infanterie Coloniale du Maroc
né le 22 octobre 1923 à Lectoure (Gers)
décédé le 24 novembre 1944 à Habscheim (Haut-Rhin) sur le front d'Alsace
à l'âge de 21 ans
Quant à ses deux frères, ils ne sont pas rentrés du S.T.O.

NOILHAN Georges - Lectoure
10e Compagnie de Détachement Routière
né le 13 septembre 1907 à Lectoure (Gers)
décédé le 2 juin 1940 à Leffrinckoucke (Nord)
à l'âge de 32 ans

ORTET Louis - Lectoure
Armée de l'Air – 113e Bataillon de l'Air
né le 7 septembre 1921 à Lectoure (Gers)
décédé le 17 mars 1940 à Royan (Charente-Maritime)
à l'âge de 18 ans

PERTUZE André - Lectoure
né le 11 mars 1922
requis pour travailler en Allemagne, il mène une Résistance active qui le conduit à être déporté au camp de Buchenwald puis dans les mines de sel de Silésie
décédé le 27 février 1965 à Lectoure (Gers)
à l'âge de 42 ans

En ce qui concerne la répression particulière exercée par l'occupant nazi et les autorités françaises pétainistes à l'égard de la population juive, Georges Courtès explique « qu'une chaîne de sympathie plus tenue entoure les Juifs et les aide à échapper à la police ou passer en Espagne ; Cantaloup, maire, fait établir des faux papiers et des réseaux de fuite s'organisent autour des frères Danzas, de Violan, de Gleize, de E. Antonin forgeron au Pont de Pile. Une douzaine de Juifs séjourneront, certains un ou deux jours, d'autres un ou deux mois, ne sortant que la nuit, dans la ferme du Petit Noguès. On cache des personnes dans les deux couvents ; un prêtre basque inquiété par les autorités réside quelques mois au presbytère... Il y eut pourtant des bavures : un assez grand nombre de Juifs venus se cacher à la campagne ou arrivés avec les Ludoviciens (Juifs Polonais, Autrichiens ou Allemands) sont dénoncés. Plusieurs avaient trouvé du travail à l'Hôtel de France... Dans le sein de cette communauté juive, la gendarmerie ou la Milice firent des arrestations en 43 et 44. On retiendra les noms de : Manfred Starkhaus, élève de math-élèm au collège, « cueilli » par les gendarmes, rue Banel avec un jeune camarade ; le Juif Safirstein dont la famille était liée avec les Danzas, la famille Wolf (seul le fils réchappera de Bielsen), le couple Schwatz (des Autrichiens, leur enfant fut recueilli par les voisins), Paul Block... Lévy arrêté en 1944 fut très vite relâché. Après un séjour au camp de Gurs dans les Pyrénées, la plupart sont dirigés vers Auschwitz où ils mourront. Une plaque à l'ancien collège rappelait l'arrestation de Starkhaus, âgé de 16 ans, dont l'injustice avait bouleversé ses camarades. »

DÉPORTÉS JUIFS ARRÊTÉS DANS LE DÉPARTEMENT
(Liste établie d'après les renseignements en notre possession)

APFELGRÜN Zélig - Lectoure
Arrêté le 26 août 1942 à l'âge de 55 ans
né le 26 mai 1887 à Starason
nationalité autrichienne - déporté le 4 septembre 1942
convoi n° 28 - disparu à Auschwitz (Pologne)

LAUFER Louis - Lectoure
Arrêté le 26 août 1942 à l'âge de 19 ans
né le 10 juillet 1923 en Autriche
nationalité autrichienne - déporté le 4 septembre 1942
convoi n° 28 - disparu à Auschwitz (Pologne)

MASLO Berck - Lectoure
Arrêté le 24 février 1943 à l'âge de 48 ans

né le 1er janvier 1895 à Sledets (Pologne)
nationalité polonaise - déporté le 4 mars 1943
convoi n° 50 - disparu à Maïdanek (Pologne)

SCHWARTZ Léopold - Lectoure
Arrêté le 26 août 1942 à l'âge de 46 ans
né le 22 mars 1896 à Vienne (Autriche)
nationalité autrichienne - déporté le 4 septembre 1942
convoi n° 28 - disparu à Auschwitz (Pologne)

STARKHAUS Manfred - Lectoure
Arrêté le 24 février 1943 à l'âge de 17 ans
né le 26 juillet 1925 à Fuerth
nationalité polonaise - déporté le 4 mars 1943
convoi n° 50 - disparu à Maïdanek (Pologne)

L'histoire tragique de Manfred Starkhaus a fait l'objet d'un Mémoire collectif de lycéens du collège maréchal Lannes à Lectoure (14). Né le 25 juillet 1925 à Fuerth, en Bavière, il arriva à Lectoure en 1939 avec sa mère et sa sœur dans le groupe des évacués de St Louis ; son père, un fabricant de jouets, était mort en 1938 dans le ghetto de Varsovie. Alors qu'il avait suivi une éducation allemande à Nuremberg, Manfred Starkhaus apprit la langue française à l'école publique des garçons de Lectoure où il se révéla un élève brillant et sympathique. Il étudiait également la langue espagnole car il voulait sans doute fuir dans ce pays après son baccalauréat. Hélas, il fut arrêté le 24 février 1943, en même temps que 2000 Juifs dits « apatrides », en représailles d'un attentat survenu quelques jours plus tôt et qui avait causé la mort de deux militaires allemands. Manfred Starkhaus fut déporté au camp de Gurs puis à Drancy, avant d'être acheminé vers Maydanek (convoi 50), un ancien camp de prisonniers de guerre polonais où avaient été exterminés en 1941 5000 soldats soviétiques. Les causes réelles de sa mort restent inconnues.

D'après les témoignages obtenus par les collégiens lectourois, Manfred Starkhaus ne fut pas arrêté à la suite d'une dénonciation, mais peu après avoir reçu une carte administrative de la préfecture d'Auch ; comme tous les Juifs, il était en effet recensé, conformément aux lois raciales du régime de Vichy, acharnement administratif aux conséquences monstrueuses, qui prouve a posteriori la spécificité de la Shoah. En outre, les deux gendarmes chargés de l'arrestation auraient fait preuve d'un manque de zèle dans l'exécution des ordres qu'ils avaient reçus ; « l'on disait de l'attitude d'un brigadier-chef, que les Juifs de Lectoure surnommaient " Staline " à cause de ses moustaches, qu'il en aurait averti plus d'un de l'éminence d'une rafle » (15). Pourtant, Manfred Starkhaus ne parvint pas à s'enfuir à temps et fut déporté, sans que cela ne suscitât une réaction du responsable local de la Milice, le commandant T. ; ce dernier lui avait pourtant remis en 1941 et 1942 le prix d'excellence au cours de la distribution scolaire qu'il présidait. De même, les autorités civiles et religieuses de la ville n'émirent aucune protestation contre cette arrestation ignominieuse d'un adolescent. Il avait tout juste plus de 16 ans et contrairement à sa jeune sœur, il avait malheureusement dépassé l'âge limite pour pouvoir embarquer à Marseille sur le bateau spécialement affrété par la Croix-Rouge américaine afin d'évacuer des enfants juifs aux Etats-Unis.

Dans un courrier bouleversant adressé de Chicago le 4 mars 1973 à Guy Labédan, Elise Starkhaus, mère de Manfred, évoque l'arrestation de son fils : « Il m'est si difficile d'écrire cette lettre. Mais tout cela a été effroyable. Il y a déjà 30 ans de cela. Je ne peux pas oublier. Des gendarmes français ont arrêté mon enfant au lit. Avec quelle joie ils étaient si fiers d'exécuter les ordres. Encore que les premiers qui les ont arrêtés n'ont jamais donné signe de vie (…). Mon enfant a été pris le 24 février 1943. La dernière carte que j'ai reçue de Manfred n'est pas allée en Allemagne mais à Sobibór, je crois que c'est en Pologne (16). Un camp effroyable. Les autorités n'ont pas pu me donner le jour de sa mort. C'était le meilleur élève au collège, partout le premier. Dans le court laps de temps où nous sommes restés à Lectoure, il était même le premier en français (…). Vous voulez connaître les raisons. Premièrement, il était juif et étranger. C'est pourquoi il devait mourir cruellement. Tous à Lectoure l'ont connu et l'ont aimé. Pendant tout son temps libre, mon enfant est allé travailler dans une ferme et les fermiers lui écrivaient toujours de revenir. Maintenant je voudrais vous demander pourquoi vous m'écrivez. Jamais une quelconque autorité ne m'a demandé si mon enfant avait survécu à cette chose effroyable. Jamais on ne m'a proposé une aide. Manfred avait 17 ans 1/2. Il m'a écrit de Gurs. Il était le plus jeune de tous. J'aurais tant de chose à écrire. Je ne peux plus. Malheureusement, je ne peux pas écrire en français. »

Un article récent de la Dépêche du Midi de Jean-Michel Dussol, publié le 21 mai 2008, évoque Manfred Starkhaus, à l'occasion du colloque « familles juives dans le Gers » organisé par la Société Archéologique, Historique, Littéraire et Scientifique du Gers, le 21 mai 2008 à Auch :

« Déporté, il peignait Lectoure. Les familles juives dans le Gers pendant l'occupation… Un congrès et des souvenirs poignants. Mémoire.

Avec sa mère Elise, Edith a toujours vécu entourée de ces aquarelles et dessins des rues de Lectoure. Puis au cœur de Chicago, ces peintures sont devenues le quotidien de Shirley. On ne parlait que rarement de ce fils, de ce frère et de cet oncle qui avait été raflé à Lectoure, un matin, vers 5 heures, le 27 février 1943, par des gendarmes « goguenards ».

En mars 1973, une lettre était arrivée de France. Elle avait ravivé ce cruel souvenir. Dans sa réponse, Elise, la mère s'était épanchée et avait dit sa douleur, les moments de l'arrestation, sa peine… Shirley voulait savoir, connaître. A force de persuasion elle a convaincu sa mère de venir pour la première fois à Lectoure, sur les traces de Manfred.

Ce matin, les deux femmes seront à Auch. Dans le cadre de la journée organisée par la Société Archéologique sur les familles juives réfugiées dans le Gers au cours de l'Occupation, elles rencontreront tous ceux qui ont connu Manfred. Son souvenir est encore très vivant à Lectoure. Puis elles continueront leur douloureuse quête du souvenir…, à Lectoure, notamment, dans cette maison du 7, boulevard Banel. « La cuisine n'a pratiquement pas changé, c'est là que Manfred a été arrêté », explique Geneviève Courtès, qui travaille sur la biographie du garçon et appartient à l'équipe d'organisation de la journée.

Manfred Starkhaus est arrivé dans le Gers avec le convoi des réfugiés de Saint-Louis. « Mon père avait été arrêté par les nazis dans son usine de jouets, à côté de Nuremberg. Il avait été envoyé à Varsovie. C'est du ghetto qu'il a organisé notre départ, ma mère, mon frère et moi, pour Saint-Louis », explique aujourd'hui Edith Feldman. Plus jeune que son frère, la petite fille sera envoyée dans une maison d'enfants à Vichy. Elise Starkhaus et son fils Manfred vont rester en Lomagne où ils mèneront, semble-t-il, une existence heureuse. Elise raconte dans la lettre de 1973 : « En me promenant dans la ville, je rencontrais mon fils qui peignait les monuments et les rues. » Manfred poursuivait de brillantes études mathématiques au lycée maréchal Lannes. Aujourd'hui encore, à Lectoure, certains se souviennent de ce garçon.

Fin février 1943, une dizaine de soldats d'occupation sont tués par la Résistance. Les nazis exigent 2.000 otages de tout le pays. Manfred sera arrêté dans ce cadre. Il avait un peu plus de 17 ans. A quelques mois près, il n'a pas pu bénéficier, comme sa sœur Edith, de la décision des Etats-Unis d'accueillir des enfants juifs jusqu'à 16 ans. En 1945, Elise Starkhaus et sa fille se retrouvent à Chicago. « Maman ne m'a que très peu parlé de Manfred, mais nous avons toujours vécu entourées des dessins qu'elle avait précieusement ramenés de Lectoure », ajoute, avec une voix brisée par l'émotion, Edith Feldman.

Programme de la journée : Aujourd'hui, à Auch, salle des Cordeliers à partir de 9 heures : communications jusqu'à 13 heures. A partir de 14 h 40, témoignages des survivants.

Gurs, Drancy… les dernières lettres de Manfred.
Qu'est devenu Manfred ? Disparu, probablement tué dans le camp d'extermination de Sobibor. Arrêté à Lectoure, il passera quelques heures à la Gestapo d'Auch. Il sera ensuite transféré au camp de Gurs. La lettre du proviseur du lycée maréchal Lannes demandant qu'il soit relâché en raison de son âge et du bac qu'il doit passer dans quelques semaines restera sans effet. Lors de son transfert, en train, de Gurs vers Drancy, il enverra à sa mère une première lettre écrite en français. Il lui demandait de ne pas s'inquiéter et la rassurait sur sa santé. Il voyage avec quatre autres Lectourois et on lui avait fourni assez de provisions. « Je pense que ça ne durera pas », précise-t-il. Une deuxième lettre sera postée de Drancy en date du 1er mars. Une troisième est écrite la veille du départ du convoi pour l'Allemagne.

Dans ces lignes, Manfred Starkhaus pressent ce qui va se passer. Il y parle des épreuves qui rendent plus fort et forgent le caractère… « Je comprends la vie et j'apprends à devenir un homme. » A travers le style, on ressent un encouragement à sa mère, une sorte d'adieu déguisé.

Dès lors, la famille n'aura plus aucune nouvelle, jusqu'à cette lettre de mars 1973. »

Le Mémoire des collégiens lectourois donne un autre témoignage intéressant, celui de Michel Handburger, en date du 18 mars 1999 : à la suite de l'arrestation de Manfred Starkhaus, « est-ce à dire que le sort des Juifs était indifférent aux Lectourois ? Non, bien au contraire, et c'est le moment de citer quelques exemples des marques de dévouement des Lectourois envers les Juifs persécutés :

- De nombreux Lectourois possédant des maisons mitoyennes ou à jardins mitoyens laissaient, quand ils avaient des voisins juifs, les portes de communication ouvertes (quand il y en avait), facilitant ainsi une fuite éventuelle.

- De nombreux Lectourois, non seulement hébergeaient des Juifs, mais les autorisaient à se servir de leur adresse et de leur nom pour permettre un échange de correspondance qui n'éveillerait pas les soupçons.

- Des instituteurs assuraient bénévolement chez eux des heures de rattrapage scolaire pour des enfants juifs dont la sécurité impliquait des absences répétées.
- Des Juifs employés comme ouvriers agricoles clandestins trouvaient à la campagne non seulement un abri mais une aide pour leur participation aux actions de la Résistance.

- À Lectoure, tout le monde savait qui était qui. Beaucoup de Juifs doivent la vie à la compassion active que les Lectourois ont manifestée à leur égard et qui a rendu difficile la mise en œuvre de la politique de Vichy.

Je crois qu'il n'y avait pas de Juifs à Lectoure avant l'arrivée des réfugiés. L'honneur des Lectourois, c'est d'avoir très vite compris quand ils ont vu des Juifs pour la première fois, malgré la propagande pétainiste, que c'étaient des hommes comme les autres, injustement traqués. »

SZAFIRZTEJN Szlava - Lectoure
Arrêté le 24 février 1943 à l'âge de 34 ans
né le 9 juillet 1908 à Kaluszynet (Pologne)
nationalité polonaise - déportée le 4 mars 1943
convoi n° 50 - disparue à Maïdanek (Pologne)

ZLOTOWSKI Chil - Lectoure
Arrêté le 24 février 1943 à l'âge de 45-46 ans
né en 1897 en Pologne
nationalité polonaise - déporté le 4 septembre 1943
convoi n° 50 - disparu à Maïdanek (Pologne)

DÉPORTÉS JUIFS
ayant résidé dans le Gers mais arrêtés hors du département

WOLF Cypra née LIBER - Lectoure
Arrêtée le 17 septembre 1943 en Italie à l'âge de 53 ans
née le 24 mai 1890 à Wola (Pologne)
nationalité polonaise - déportée le 7 décembre 1943
convoi n° 64 - disparue à Auschwitz (Pologne)
WOLF Félicie - Lectoure
Arrêtée le 17 septembre 1943 en Italie à l'âge de 19 ans
née le 22 février 1924 à Lwow (Pologne)
nationalité polonaise - déportée le 7 décembre 1943
convoi n° 64 - disparue à Auschwitz (Pologne)

WOLF Meyer - Lectoure
Arrêté le 17 septembre 1943 en Italie à l'âge de 60 ans
né le 3 juin 1883 à Starasol (Pologne)
nationalité polonaise - déporté le 7 décembre 1943
convoi n° 64 - disparu à Auschwitz (Pologne)

DÉPORTÉS JUIFS
dont la proche famille (conjoint, enfants) résidait dans le Gers
mais qui ont été arrêtés hors du département

JUDKOWSKI Samuel - Lectoure
Arrêté le 26 août 1942 à Barcelonnette
(Alpes-de-Haute-Provence) à l'âge de 16 ans
né le 5 février 1926 à Anvers (Belgique) - nationalité
polonaise - déporté le 7 décembre 1943 – disparu

Les recherches effectuées par les lycéens lectourois sur Manfred Starkhaus ont permis de retrouver également le passage à Lectoure de Samuel Judkovsky, né en 1926 en Belgique où son père était diamantaire. Il vécut quelque temps dans notre localité gersoise avant de s'enfuir au cours de l'été 1943 vers l'Italie ; mais selon les sources du CDJC (Centre de Documentation Juive Contemporaine) à Paris, il fut arrêté dans les Alpes et mourut d'épuisement dans le camp d'extermination allemand d'Auschwitz en 1944, où il avait été déporté le 7 décembre 1943 (convoi N° 64).

Monument commémoratif des anciens élèves du collège de Lectoure, morts pour la France - En 1939-1945 : Roger Banabera, Pierre Lacomme, André Bordes, Marcel Lacoste, René Fezas et Pierre Leygues. Morts en déportation 1939-1945 : Samuel Judkowski, Manfred Starkhaus et Félicie Wolf.

Après la guerre, plusieurs traces mémorielles peuvent être relevées dans les archives municipales :

- 17 septembre 1944 : afin d'honorer les morts de la Résistance et de commémorer les premières victimes lectouroises, le Conseil décide de procéder de la façon suivante au changement de nom d'un certain nombre de rues et places publiques, à la mémoire des chefs de la Résistance, glorieux martyrs de la Libération nationale :

1°/ La place Albert Descamps s'appellera place Daniel Séguin.
2°/ La rue Porte Neuve s'appellera rue des Frères Danzas.
3°/ L'avenue Danzas s'appellera avenue André Magne.
4°/ La place Maréchal Pétain s'appellera place Général de Gaulle.

5°/ La rue Nationale s'appellera rue de la 4e République.

De plus, le square situé avenue Danzas sera désormais square des Héros de la Résistance. Une plaque commémorative portant les noms de ces héros sera également placée au square de ce nom.

- 24 septembre 1944 : « Monsieur le président expose qu'il serait juste, à cette époque où l'on glorifie les Héros de la Résistance, en donnant à certaines artères de la ville le nom de ces héros, que la grande figure lectouroise qu'est Albert Descamps, grand bienfaiteur de cette ville qui, en son temps, a vaillamment lutté pour le triomphe de la République, soit aussi mis à l'honneur au même titre que ceux qui sont tombés pour la même cause. Aussi, il propose que le cours du Bastion, de beaucoup plus important que la place de la halle aux grains, précédemment appelée place Albert Descamps, soit dénommé à l'avenir cours Albert Descamps. Cette proposition est acceptée à l'unanimité. En outre, le conseil municipal adresse ses félicitations à la brigade de Gendarmerie de Lectoure, pour les services éminents qu'elle a rendus à la Résistance, et tout particulièrement à son chef, l'adjudant Mandement, dont le dévouement inlassable et l'attitude courageuse ont largement contribué aux succès des opérations de la Résistance. »

- 20 mai 1945 : Les élus lectourois émettent le vœu qu'un Monument aux Morts de la Résistance soit érigé à Lectoure. Une commission spécifique est créée ; elle est composée de délégués du conseil municipal, de délégués du C.C.L. et du président de l'Amicale du Corps Franc Pommiès. Le 2 décembre 1945, cette Commission, s'inspirant des directives de monsieur Mathieu, architecte urbaniste de la Ville de Lectoure, annonce qu'elle a délibéré sur la nature et l'emplacement de ce monument. Après un vote secret (10 voix contre six), le conseil municipal accorde sa préférence au cours d'Armagnac pour l'érection de ce monument. Cependant, le 3 mars 1946, la question revient à l'ordre du jour, suite à un vœu de la Commission du Comité cantonal, chargé de l'étude du projet d'érection d'un monument aux Morts de la Résistance. Dans ce vœu, la commission estime « qu'après avoir minutieusement étudié la question, seule la place Barton permettra l'érection d'un monument simple et de bon goût, au cœur même de la Cité, et dont le coût ne dépassera pas les moyens financiers que le comité se propose de réaliser. Elle demande au conseil de lui faire confiance pour l'emplacement qu'elle a choisi. En conséquence, le conseil, ayant déjà décidé dans sa séance du 13 janvier que le monument serait érigé place Montmorency, est appelé à donner de nouveau son avis au sujet de cet emplacement. Après un vote secret, et par 14 voix sur 17 votants, la place Barton, proposée par la Commission, est désignée comme emplacement définitif destiné à l'érection du Monument aux Morts de la Résistance. En outre, ainsi que le fait remarquer la Commission et monsieur Mathieu, architecte urbaniste de Lectoure, il y aurait le plus grand intérêt à dégager la place Barton par la démolition de deux maisons accolées au clocher, ce qui aurait encore comme résultat une plus grande mise en valeur de la cathédrale, classée Monument Historique. Le principe de cette démolition est adopté par le conseil municipal. » Au bout du compte, une délibération municipale du 27 avril 1947 vote un crédit pour « l'aménagement du Monument aux Morts de la Guerre 1914-18, en vue d'y faire figurer les noms des morts de la Guerre 1939-1945, ainsi que ceux de la Résistance » ; et le 22 juin 1947, il est décidé de constituer « un comité de patronage pour étudier d'organiser la cérémonie qui aura lieu à l'occasion de la prochaine inauguration de la plaque commémorative rappelant le souvenir des Morts de la dernière guerre ».

Le Monument aux Morts de Lectoure,
lorsqu'il se trouvait devant la cathédrale (Fonds Léo Barbé)

Monument aux Morts de Lectoure

Monument aux Morts de Lectoure –
Morts de la Résistance et de la Libération : René Antichan, Paul Danzas, Marcel Danzas, Marius Faget, André Magne, Alcée Nazarie, Henri Ribaut, George Rinsant, Marcel Schreyer, Daniel Séguin, Maurice Simon.

Monument aux Morts de Lectoure –
Morts au champ d'honneur : Louis Dugros, Maurice Toovebens.

Monument aux Morts de Lectoure –
Morts au champ d'honneur : André Bordes, Emile Gasset, Justin Coll, Georges Noilhan, Gaston Bellonguet.
Morts pour la France :
Marcel Béguin, Hervé Darnaudet, Georges Bense, Arthur Gaxo, Léon Castarède, Yves Hamon, Pierre Lacomme, Louis Ortet.

- 30 juin 1945 : monsieur le maire est heureux d'annoncer au conseil que monsieur Dupuy Camille, employé de mairie, prisonnier de guerre, récemment rapatrié, reprendra ses fonctions à la date du 1er juillet 1945.

- 9 novembre 1945 : Une demande de subvention pour la Fête du retour des Prisonniers est accueillie favorablement. Le conseil municipal est heureux d'offrir aux enfants de Lectoure rentrés de captivité et du S.T.O., un banquet fraternel, qui clôturera cette fête.

Puis les délibérations municipales n'évoquent plus beaucoup ces questions liées à la Seconde Guerre mondiale et reviennent à des préoccupations plus paisibles, comme celle du 13 janvier 1946 sur la vente d'acacias situés en bordure du boulevard du nord, entre les abattoirs et le cimetière Saint Esprit. Cependant, il est encore possible de relever plusieurs mentions intéressantes :

- 17 octobre 1946 : M. Schweitzer, réfugié de Saint Louis, employé à la mairie depuis 1940, fait part au conseil de son intention de quitter Lectoure, pour rejoindre sa famille à Saint Louis. Le conseil regrette son départ et remercie M. Schweitzer pour le zèle et le dévouement qu'il a toujours apportés dans son travail.

- 30 mars 1947 : « Monsieur le président évoque devant l'assemblée la mort glorieuse de soixante-douze patriotes du maquis gersois de Meilhan, qui furent exterminés par les Allemands le 7 juillet 1944. Un monument va être élevé à Meilhan pour commémorer le sacrifice de ces jeunes héros. Il faut qu'il soit digne d'eux. Une souscription est ouverte, qui a déjà produit une recette substantielle. Tous les conseillers municipaux sont invités à y participer. Il demande au conseil de fixer le montant de la subvention pour la commune de Lectoure. Il est décidé qu'une subvention de vingt mille francs serait inscrite au budget complémentaire de 1947, en faveur de ce monument. »

- 22 novembre 1947 : Monsieur le président donne lecture d'une demande de Mme Veuve Noilhan, pour l'obtention de la gratuité d'une concession perpétuelle au cimetière Saint Gervais, pour la réinhumation du corps de Noilhan Georges, mort pour la France durant la guerre 1938-1940 ; le conseil donne son accord.

- 17 novembre 1949 : projet d'acquisition d'un drapeau qui sera déposé à la mairie et tenu à la disposition des diverses organisations des Anciens Combattants et Victimes des deux dernières guerres. Le mois suivant, le maire de Lectoure signale qu'il est en fait inutile d'acheter ce drapeau car la Croix-Rouge en a déjà offert un aux Anciens Combattants de la ville ; « mais soucieux de maintenir l'union entre tous les combattants, il demande que ce drapeau soit mis à la disposition de tous les groupements d'anciens combattants pour les cérémonies officielles ».

- 12 mars 1954 : « Les cellules du parti communiste adressent une lettre au conseil municipal, dans laquelle elles se permettent d'attirer son attention sur le danger qui menace actuellement notre pays : le réarmement de l'Allemagne. Elles demandent que la municipalité de Lectoure se dresse contre les accords de Bonn et de Paris, qui signifient à leur point de vue la fin de la France en tant que nation souveraine ». Plusieurs élus lectourois interviennent lors de cette discussion, pour faire remarquer « que cette question est d'ordre politique et qu'elle n'est pas liée aux affaires communales. Le conseil municipal, qui se déclare tout entier partisan de la paix, décide de recourir à une mesure d'information avant de prendre une décision ».

- 24 avril 1954 : « Le Gouvernement de la République ayant décidé d'ériger un mémorial de la déportation à Struthof, sur l'emplacement de l'ancien camp de concentration, monsieur le préfet du Gers, président du Comité départemental pour l'Édification de ce mémorial, fait appel au conseil municipal pour qu'il participe à la souscription ouverte à cet effet, en votant une subvention aussi importante de possible. »

- 17 mai 1957 et 30 novembre 1957 : Achat d'un drap mortuaire tricolore honorant la sépulture des Anciens Combattants, et d'un drapeau tricolore déposé à la mairie, au service des Anciens Combattants.

- 6 mai 1960 : Le maire, monsieur Lambrey, rend compte des dispositions prises pour la fête de Jeanne d'Arc et la commémoration de l'armistice du 8 mai 1945.

- 28 mars 1968 : Le maire, monsieur Albinet, donne lecture d'une lettre de M. Duclos dans laquelle il ressort que le susnommé, en tant que président local du Souvenir Français, sollicite l'autorisation, pour le Souvenir Français, d'entretenir les tombes du cimetière militaire ; le conseil accorde cette autorisation.

- 28 juillet 1977 : Le maire, Robert Castaing, relate la venue le 15 juillet de Théo Bachmann, maire de Saint Louis et son adjoint, Georges Schilli, pour visiter les zones sinistrées de la commune à la suite des inondations ; il informe l'assemblée municipale des décisions prises par le conseil municipal de Saint Louis à la suite de cette visite d'allouer une somme de 30 000 F à la ville de Lectoure, en demandant que 20 000 F au moins soient réservés aux anciens frappés par le chômage, du fait de la destruction des usines et ateliers de travail. Le maire de Lectoure annonce qu'en plus de cette aide officielle, la ville alsacienne a organisé des collectes pour les sinistrés de Lectoure et qu'actuellement les sommes reçues par le service comptable communal s'élèvent à près de 45 000 F. Le conseil municipal de Lectoure demande à son maire d'exprimer à la population de

Saint Louis son immense gratitude et son affectueuse reconnaissance, puis décide d'attribuer les fonds recueillis de la manière suivante : aide aux salariés ; achat de literie et secours de première urgence ; dons aux communes de Montestruc et de Castéra-Verduzan ; affectation de fonds au patrimoine communal particulièrement abîmé par les effets de la crue ; constitution d'un fonds de secours pour les salariés qui risquent d'être mis au chômage par la restructuration des entreprises, à la suite des destructions provoquées par la crue ; équipement des classes enfantines en matériel pédagogique.

Plaque de rue « place Théo Bachmann » à Lectoure

- 16 juillet 1979 : Le maire, Robert Castaing, lit à l'assemblée municipale une lettre de monsieur Sutra, directeur de l'école des garçons, par laquelle il adressait à la municipalité un mémoire établi par ses élèves et relatant leur voyage à Saint Louis. Il donne également lecture d'un courrier adressé au maire de Saint Louis par madame Bèze, responsable de la commission des affaires scolaires, qui accompagnait monsieur Sutra dans ce voyage. Le conseil municipal demande qu'une lettre de remerciements soit adressée à monsieur Sutra.

École communale de garçons à Lectoure

Lors de cette même séance de juillet 1979, le maire donne lecture à l'assemblée municipale d'un vœu de l'Amicale « Maquis de Meilhan et Bataillon Raynaud », qui souhaite que soit perpétuée à travers les générations l'histoire de la Libération de 1944/45, et demande aux municipalités, à l'Armée et à diverses associations de se joindre à elle, afin que soit mise en œuvre la réalisation de ce vœu. Le conseil municipal de Lectoure affirme son soutien à ce vœu.

- 27 mars 1985 : « Le conseil municipal, considérant que dans le cadre des relations de jumelage avec la ville de Saint Louis, il est indispensable de rendre hommage à certains citoyens de cette ville qui ont contribué au rapprochement des deux cités, nomme Citoyen d'Honneur de la ville de Lectoure monsieur Albert Hartmann, secrétaire général honoraire de la ville de Saint Louis. » Avant lui ont été nommés Citoyens d'Honneur de Lectoure le maire de Saint

Louis, Théo Bachmann, et son 1er adjoint, le docteur Guilo Platt, ainsi que Georges Forlen, l'archiviste de Saint Louis.

ooo

Georges Courtès qualifie cette période 1940-1944 comme étant « un relent de passéisme » ; il écrit (17) que « vouloir comprendre et analyser les incidences de la Seconde Guerre mondiale sur la vie d'une petite ville de province paraît une entreprise hasardeuse : certains sujets encore brûlants, certaines attitudes sorties du contexte de l'époque risquent de soulever incompréhensions, polémiques, voire même réouvrir des blessures à peine cicatrisées. Toutefois pour mieux appréhender le climat de ces années, nous avons fait appel aux documents écrits incontestables et aux témoignages oraux de nombreux survivants qui ont fait l'histoire de cette époque. Certes, Lectoure ne reçoit qu'en de rares occasions les effets directs du conflit : le nombre des victimes ne peut se comparer avec celui de 14-18 ; il faut attendre les derniers jours de l'Occupation pour frémir à l'annonce de la destruction de Castelnau-sur-l'Auvignon et des tueries de Meilhan, pour craindre des représailles après le bombardement de l'hôpital, ou apercevoir quelques uniformes nazis... Car ce n'est pas un des moindres paradoxes de cette guerre que d'avoir artificiellement gonflé la vie de la cité : regain d'activité commerciale avec l'arrivée de population extérieure, échanges très fréquents avec la campagne, va-et-vient incessant et, pourquoi le cacher, importance du « marché noir » qui a finalement enrichi une partie de la population. A l'opposé, ces années d'incertitude ont provoqué des meurtrissures profondes chez les individus, des divisions au sein des familles (y compris des familles de pensées) et de la collectivité…, bref le jeu politique ne sera plus comme avant-guerre ». Cependant, par de nombreuses plaques, stèles et monuments commémoratifs, la ville de Lectoure a su montrer son attachement à la mémoire de la Résistance.

La rue Jean Moulin à Lectoure ; à noter également à proximité, la place Pierre Brossolette, devant le lycée maréchal Lannes.

Plaques de rue à Lectoure célébrant
la Mémoire de la Victoire et de la Résistance.

NOTES

(*) : Synthèse réalisée par Pierre Léoutre, avec l'aide de la section lectouroise de la Société Archéologique, Historique, Littéraire et Scientifique du Gers (que je remercie), d'après les publications citées et les recherches effectuées aux archives municipales de la ville de Lectoure.

(1) : Quelques mois plus tard, en avril 1940, le maire de Lectoure donnera lecture d'une « pétition en date du 19 avril dernier des volaillers de la localité et de la région demandant qu'un emplacement plus vaste leur soit réservé dans la halle qui sert depuis les hostilités de magasin à l'Intendance. Si ce n'est pas possible sous cette halle dans tout autre endroit dans l'intérêt même des foires et marchés ». En réponse à cette pétition, le conseil municipal charge le maire « de bien vouloir demander à monsieur B., domicilié à Terraube, président de la Commission de Ravitaillement de Lectoure, de limiter le plus possible l'emplacement occupé par les produits de ravitaillement, la Halle à la volaille sera alors suffisante pour contenir le ravitaillement et recevoir les volailles ».

(2) : « Il y a en plus, et depuis septembre 1939, les réfugiés évacués du Bas-Rhin, comme la communauté de Saint-Louis à Lectoure, germanophobes farouches. » (Guy Labédan, correspondant du Comité d'histoire de la Deuxième Guerre mondiale, « Les débuts de la Résistance dans le Gers, Revue « Résistance R4 », N° 7, mars 1979, p. 37). Sur les 3000 réfugiés alsaciens à Lectoure (qui compte actuellement 3900 habitants !), il convient de consulter l'ouvrage collectif « Mémoire d'un exode – l'évacuation de St Louis, 1939-1940 », Ruc Éditeur, septembre 1989 (communiqué par Bernard Comte, que je remercie) : « les trains repartent, toujours vers l'inconnu, jusqu'à Auch, où le préfet déclare ne pas être au courant de l'arrivée de trains Ludoviciens : il renvoie les convois à Lectoure. L'arrivée, le 6 septembre, en pleine nuit, dans cette ville du Gers, met fin aux plus pénibles souvenirs des évacués qui ont en mémoire cinquante après encore le terrible orage nocturne en pleine

traversée du Massif Central, les états de choc des parents et grands-parents, les tensions insupportables. » (p. 16). En octobre 2009, Georges Courtès donna une conférence devant la section de la société archéologique du Gers sur le thème : « Lectoure : Scènes de vie au début de Seconde Guerre mondiale racontées par un Lectourois » ; il y évoque en particulier des manuscrits de Gaston Manabera, trouvés auprès d'une famille lectouroise qui tenait autrefois un magasin. En 38-39, le Gers, qui comptait alors 124 000 habitants, a dû accueillir 24 000 étrangers, y compris de nombreuses religieuses. Dans ces manuscrits, on constate aussi que l'arrivée des réfugiés de Saint-Louis était attendue mais qu'il a fallu passer outre la volonté du maire vieillissant, Jules de Sardac, afin de mettre sur pied leur arrivée, très difficile à gérer au début. En outre, Georges Courtès a signalé « le trésor royal garé à Lectoure », qui correspondait au passage de trois poubelles (camions bâchés) arrivant de Belgique après la capitulation de son armée. « Le convoi fut installé dans la cour de la mairie et le vieil homme qui escortait le convoi avec son épouse était le gouverneur de la banque de Belgique ! Ils furent reçus par M. Patrel, proviseur du lycée, puis repartirent pour Tarbes. » (La Dépêche du Midi, Ysabel de la Serve, 11 octobre 2009).

(3) : Les mots en italique ont été rajoutés à la mention initiale, par la même personne.

(4) : Le 26 avril 1942, le commandant T. a écrit à la municipalité pour présenter sa démission de conseiller municipal et de 1er adjoint de la ville de Lectoure, à la suite de sa nomination au titre de chef de la Légion du Gers. Dans ce courrier, il « assure à monsieur le maire ainsi qu'à ses collaborateurs, qu'il continuera à travailler avec eux à l'œuvre de Rénovation nationale. En des termes choisis, et parfois émouvant, monsieur le maire exprime les regrets qu'il éprouve de voir un collaborateur si précieux quitter l'Administration municipale ; il avait en effet espéré que ses nouvelles fonctions auraient permis au commandant T. de continuer à l'aider de ses judicieux conseils ».

(5) : Site web de la préfecture du Gers à Auch : http://www.gers.pref.gouv.fr/acvg/documents/1943.htm.
Publié en 1988 par l'O.N.A.C. - S.D. GERS, 29 chemin de Baron - B.P. 368 - 32008 AUCH CEDEX (http://pagesperso-orange.fr/sdonac32/resistance.htm).

(6) : La « Revue Résistance R 4 » a été publiée sous la Haute Autorité de Jean Cassou, commissaire de la République pour la région de Toulouse de mars 1944 à octobre 1945. Son siège était situé 11 rue Victor Capoul 31300 Toulouse et elle était animée par le Comité de Résistants pour l'histoire de la Libération de Toulouse et de sa région.

(7) : Guy Labédan, correspondant de l'Institut d'Histoire du Temps Présent, « Bref historique sur la Résistance Gersoise », site web du Centre Départemental de Documentation Pédagogique du Gers, Auch, 17 septembre 2004 : http://www.gers.pref.gouv.fr/acvg/gers3945/aresistancec.htm.

(8) : Christian Pierdona, , « Les guerilleros espagnols dans le Gers », Revue « Résistance R4 », N° 3, mars 1978, p. 21).

(9) : « Sur la demande du C.F.P., et en vue de l'action de guérilla, Lejeune, de Londres, affecte au corps franc un instructeur d'explosifs formé en Angleterre. Celui-ci est parachuté vers le 15 novembre 1943, en même temps que du matériel, au lieu-dit Lamothe à 4 km N.O. de Lectoure (Gers). Il s'appelle Bernard Amiot (alias Bernard Dillon). Amiot se dit anarchiste et antimilitariste, mais cette profession de foi ne l'empêche pas de collaborer en toute confiance avec le C.F.P. » (général Céroni, « Les débuts du Corps Franc Pommiès, 1942-1943 », Revue « Résistance R4 », N° 4, juin 1978, p. 11).

(10) : Guy Labédan, « La Résistance et la Libération dans le Gers », dans « Pays du Gers, cœur de la Gascogne », Tome II, sous la direction de Pierre Léon Féral, principal honoraire, vice-président de la Société Archéologique du Gers, Société Nouvelle d'Éditions Régionales et de Diffusion, Pau, 1990, p. 699.

(11) : Yves Salmon, site web http://cfp49.ri.free.fr/clandestinite.html. Ce site retrace l'histoire d'un groupe de résistants du sud-ouest de la France appartenant

à l'ORA, le Corps Franc Pommiès, qui a participé à la libération de cette région, et ensuite a poursuivi les Allemands jusqu'en Alsace, puis est entré en Allemagne et a combattu de Spire à Stuttgart sous le nom de 49 R.I. Il a été le premier régiment français en occupation à Berlin.

(12) : « Pendant sa présence dans le Gers comme prisonnier de la Milice, le colonel Hilaire, de son P.C. de Castelnau, engagea des pourparlers avec les chefs de la milice à Lectoure et à Auch pour un échange de personnes. Il fut monté des opérations de représailles à Lectoure et l'on procéda à de nombreuses arrestations de miliciens dans tout le secteur contrôlé par Hilaire et le Bataillon de l'Armagnac. Lorsque celui-ci réussit la capture de neuf prisonniers de la Wehrmarcht dans le Gers et les Landes, Hilaire entreprit d'autres négociations avec les Allemands cette fois, mais l'attaque contre son camp de Castelnau-sur-Auvignon, le 21 juin 1944, fit échouer la manœuvre. » (Pierre Péré, correspondant du Comité d'Histoire de la Deuxième Guerre mondiale pour le département du Gers, « Odyssée d'un équipage de la R.A.F. dans le Sud-Ouest de la France en 1944 », Revue « Résistance R4 », N° 2, décembre 1977, p. 15).

(13) : Georges Courtès, notice biographique de Paul Barennes, in « Le Gers, dictionnaire biographique de l'Antiquité à nos jours », Société Archéologique et Historique du Gers, Auch, 1999, p. 38.

(14) : « Sur les traces de Manfred Starkhaus », Mémoire collectif de la 3° 1 du Collège Maréchal Lannes à Lectoure, sous la direction de leur professeur, Geneviève Courtès, et avec l'aide de Guy Labédan, pour le Concours de la Résistance et de la Déportation. Sur ce sujet, il convient de consulter les Actes du Colloque organisé le 21 mai 2008 dans la salle des Cordeliers à Auch par Geneviève Courtès, l'ONAC, les Archives départementales du Gers et la Société Archéologique et Historique du Gers sur le thème " Familles juives dans le Gers durant la Seconde Guerre mondiale ". Plusieurs communications ont précédé des témoignages d'anciens réfugiés, dont certains sont venus des Etats-Unis et d'Israël. L'ONAC et des élèves de

la cité scolaire maréchal Lannes de Lectoure ont également présenté des expositions (publication de la Société Archéologique et Historique du Gers, décembre 2008).

(15) : L'attitude bienveillante de la gendarmerie lectouroise est tout à fait plausible : le capitaine de gendarmerie Pagès de Condom était lié à la Résistance. En outre, à la Libération, le conseil municipal de Lectoure avait félicité la gendarmerie de la ville pour son comportement pendant la guerre. Sur le rôle de la gendarmerie et de la police pendant la guerre, voir l'article de Dominique Delpiroux, « Quand les gendarmes écrivaient l'Occupation », La Dépêche du Midi, 7 février 2008, p. 8 (au sujet du livre de Jean-Marie Pontaut et Eric Pelletier, « Chronique d'une France occupée 1940-1945, les rapports confidentiels de la Gendarmerie », Editions Michel Lafon, Neuilly, 2008).

(16) : Sobibór est un camp d'extermination allemand en Pologne, où ont été tuées 250 000 Juifs, mais aussi des Roms, des Slaves, des Témoins de Jéhovah, des communistes et des homosexuels.

(17) : Georges Courtès, " un relent de passéisme : 1940 - 1945 ", pp. 166 à 177, " le refus, la résistance ", p. 172, dans « Deux siècles d'histoire de Lectoure (1780-1980) », ouvrage collectif, Syndicat d'Initiative de Lectoure, 1981.

Les articles de presse reproduits dans ce livre le sont avec l'aimable autorisation du Centre de documentation, de recherches éditoriales et d'édition (Cedre) de La Dépêche du Midi, Avenue Jean Baylet 31095 Toulouse Cedex 9 (05.62.11.34.67) que je remercie vivement.

ANNEXES

Articles de presse du 2 septembre 1989 (Fonds Léo Barbé)

L'époque des vendanges

A la campagne, hommes et femmes donnent un coup de main aux paysans et aux ouvriers agricoles : meilleure façon de s'intégrer à la population locale et d'être reconnu. A l'automne 39, les vendanges sont abondantes et la main-d'œuvre alsacienne bien venue.

Photo BARBÉ

JUMELAGE

LECTOURE

« L'apprentissage de l'Europe »

Le jumelage entre Lectoure et Saint-Louis est intervenu il y a seulement neuf ans. Mais il n'a fait que formaliser des liens noués par l'Histoire et la rencontre de deux cultures

S'il n'y avait eu ce lien créé par l'Histoire et une année de brassage culturel imposé par la guerre, rien n'aurait prédisposé Saint-Louis et Lectoure à se jumeler.

Saint-Louis est une ville de 21 000 habitants alors que Lectoure ne recense que 4 125 âmes. Comment comparer le chef-lieu gersois avec cette ville-dortoir de sa proche voisine suisse, Bâle l'industrieuse.

Saint-Louis est une ville cosmopolite : quarante-neuf nationalités y sont représentées, avec un fort courant d'immigration maghrébine. Les religions s'y côtoient également comme la synagogue et le temple, la mosquée et l'église.

La principale activité de Saint-Louis s'ancre autour de son aéroport international (Bâle-Mulhouse) inauguré le 27 juin 1970 par Georges Pompidou. Saint-Louis est du « district des trois frontières »... frontières entre la Suisse et l'Allemagne.

Cela lui donne sa personnalité.

C'est ce qui a le plus frappé le maire de Lectoure, Robert Castaing, qui entretient avec son homologue ludovicien, Jean Ueberschlag (il est également député) des relations amicales : « Chaque fois que je me suis rendu à Saint-Louis, note Robert Castaing, j'ai été surpris, pas seulement par la chaleur de l'accueil qui résulte du tempérament alsacien et les liens qui unissent nos deux cités, mais en même temps par sa solennité. Cette solennité, on la perçoit dans tous les actes de la vie publique. J'ai fini par comprendre que Saint-Louis, dans ce district des trois frontières, s'est donné pour mission de représenter, en toutes circonstances, la France. Il y a là-bas un esprit d'ambassade. Le sentiment de dignité d'être Français y est très fort. Les Ludoviciens portent et défendent l'image de notre pays, de la « France de l'intérieur », comme on le dit à Saint-Louis. »

LA SAISON DES ASPERGES

« Mais, enchaîne Robert Castaing, c'est aussi un pays de bien vivre et de gastronomie. Nombreux sont, le week-end, les Suisses ou les Allemands qui viennent fréquenter les meilleures auberges, boire les vins blancs secs du Rhin, riesling, sylvaner, gewurztraminer. A Lectoure, nous avons le melon ; les Ludoviciens ont les asperges, produites dans les alluvions sablonneux. Durant la saison, l'on traverse les frontières spécialement pour venir déguster les asperges de Saint-Louis. Des restaurants spécialisés et saisonniers s'ouvrent dans toute la ville... »

A Saint-Louis, comme dans les villages voisins, l'accueil est aussi celui des fleurs : des milliers de fleurs qui ornent les balcons, les pas-de-porte, les espaces publics. « Ce que nous appelons ici villes ou villages fleuris, souligne le maire de Lectoure, n'est qu'un assez pâle reflet du fleurissement en Alsace. »

LE TRAIN DU SOUVENIR

Le jumelage officiel entre les deux villes a été réalisé en 1981, sous l'impulsion de Robert Castaing, de la municipalité de Lectoure et du docteur Bernard Comte, président des Amis de Saint-Louis.

Un premier train du souvenir s'était formé en 1978 (la ligne était fermée, mais l'on avait affrété un train spécial). En 1979, trois cents Lectourois firent le « voyage retour » de Lectoure à Saint-Louis. Du côté alsacien, l'impulsion est venue de l'ancien maire, aujourd'hui décédé, Théo Bachmann, de son premier adjoint, le docteur Platt et de Georges Forlen, archiviste de Saint-Louis, dessinateur par goût, qui a illustré plusieurs ouvrages consacrés à ses balades lectouroises. Il fut l'un des premiers à souhaiter la formalisation des liens entre Saint-Louis et Lectoure.

Ce fut un peu long à venir. Dans un opuscule (« Lectoure trente ans après, compte rendu d'un court séjour en mai 1969 »), il relate en ces termes son entrevue avec la municipalité lectouroise d'alors : « Profitant de ma présence à la mairie, j'allais porter le salut à M. le Maire (...). Il me reçut poliment, bien que ce fût jour de fermeture pour la mairie et qu'il s'y trouvât par exception, écouta aimablement mon salut et le motif, tout à fait privé, de ma venue et poussa même l'amabilité jusqu'à me raccompagner vers la porte... » Qu'en termes courtois ces choses-là sont mises !

Le jumelage s'est surtout concrétisé par des échanges scolaires entre le lycée de Lectoure et le lycée de Saint-Louis, Breisach am Rhein, qui eux aussi se sont jumelés. « Pour nos jeunes, souligne Robert Castaing, c'est un formidable apprentissage de l'Europe ».

Septembre 1940, le premier train de réfugiés quitte la gare de Lectoure

IL Y A CINQUANTE ANS

Trois mille réfugiés de Saint-Louis à Lectoure

6 septembre 1939 : plusieurs trains bondés de réfugiés alsaciens de Saint-Louis débarquent à Lectoure. Ils y resteront un an. Leur histoire...

2 septembre 1989

Communes d'accueil

Au recensement de 1940, la commission municipale des réfugiés constate la répartition de 3 822 Ludoviciens dans les communes suivantes :

Lectoure, 3 000 réfugiés (responsable : G. Ruhlmann puis J. Menweg); Fleurance, 167 (Robert Prinz); Fergain-Taillac, 134 (Eugène Bochet); Sempesserre, 59 (Frédéric Reiff); Saint-Mézard, 55 (Ernest Kuhn); Sainte-Mère, 54 (Georges Jappert); Berrac, 49 (Auguste Engler); Ligardes, 48 (Camille Jeck); Lagarde, 40 (Eugène Gutknecht); Pouy-Roquelaure, 30 (Valentin Sibold); Castéra-Lectourois, 30 (Louis Goepfert); Saint-Avit-Frandat, 27 (Albin Schaller); Saint-Martin-de-Goyne, 27 (Henri Scholl).

Miradoux, château de Fieu : les familles Welterlin et Schmidlin.

Les habitants de Bourgfelden : à Saint-Avit, Lectoure, Castéra-Lectourois et Astaffort, puis à partir de novembre 1939 dans les Landes, à Peyrehorade, Tartas, Cazarès.

Les habitants de La Chaussée (800) et Blotzheim : à Mont-de-Marsan, Mimizan, Labouheyre, Morcenx, Mugron, Saint-Sever, Hagetmau, Aire, Geaune, Arengosse, Eugénie-les-Bains, Pimbo, Laruet, Arsacq, Cazères, Saint-Loubouer, Montaut, Maurrin, Rion-des-Landes, Pontenx-les-Forges, Begaar, Poudenx, Morganx, Miramont, Philondenx, Lacrabe, Sarron, Bias, Saint-Avit, Mauries, Bethesar, Laurede, Escource, Sorbets, Urgons, Dax, Saint-Paul-les-Dax, Classen, Pontonx-sur-Adour, Larrivière, Lacbardes.

Les habitants de Village-Neuf : à Mont-de-Marsan, Aire-sur-Adour, Eugénie-les-Bains, Geaune, Bahus, Soubiran, Parentis, Labrit, Saint-Perdon, Lamoth, Buanes, Latrille.

Les habitants de Huningue : à Barbaste et Xaintrailles (Lot-et-Garonne), puis à Soustons, Magescq, Saint-Geours, Saint-Vincent-de-Tyrosse, Mont-de-Marsan, Brocas, Duras, Vieux-Boucau.

Etat civil d'un exode

ILS SONT NÉS A LECTOURE

Eugène Egert le 9 novembre 1939; Yvonne Hertzog, le 9 novembre 1939; Emile Sutter, le 14 novembre 1939; Anne-Marie Mainka, le 14 novembre 1939; Jean-Pierre Lutterbach, le 21 novembre 1939; Michelle Gruber, le 25 novembre 1939; Maire-Andrée Ritter, le 30 novembre 1939; Serge Ehret, le 22 décembre 1939; Fleurance Koenig, le 26 décembre 1939; Georges Sabalos, le 27 décembre 1939; Bernadette Bauer, le 6 janvier 1940; Rollan Goldbronn, le 14 janvier 1940; Amélie Haussier, le 17 janvier 1940; René Christen, le 20 janvier 1940; André Schirmer, le 21 janvier 1940; Nicole Hauger, le 1er février 1940; Frédéric Grumbihler, le 14 février 1940; Marie-Liliane Karmann, le 19 février 1940; Jacques Knopf, le 31 mars 1940; Pierre Christen, le 1er avril 1940; Jean-Pierre Wolf, le 6 avril 1940; Jean-Pierre Gutknecht, le 26 avril 1940; Jeanne Keller, le 4 juin 1940; Lucienne Boesinger, le 7 juin 1940; Yvette Endress, le 15 juin 1940; Christiane Tagliaferri, le 23 septembre 1940.

ILS SE SONT MARIÉS A LECTOURE

Alphonse Lechleider et Rose Boltzer, le 9 décembre 1939; Bernard Feldner et Eugénie Perrotin, le 30 décembre 1939; Paul Rumpelhardt et Jeanne Muller, le 25 janvier 1940; René Lapp et Albertine Jecker, le 26 janvier 1940; Gottfried Reiff et Emilie Waltz, le 2 février 1940; Jean Lutterbach et Hélène Boeglin, le 17 février 1940; Othon Goetz et Frieda Markert, le 16 mars 1940; Armand Boeglin et Anna Wagersmann, le 16 mars 1940; Paul Kremp et Hélène Strosser, le 18 mars 1940; Louis Wolgensinger et Adèle Naas, le 24 avril 1940; Marius Bezombes et Anna Spindler, le 29 juillet 1940; Louis Ortet et Louise Ritter, le 2 novembre 1940; Célestin Dischler et Charlotte Grass le 6 mai 1940 à Berrac; Frédéric Reiff et Elsa Dorflinger le 28 février 1940 à Sempesserre.

ILS SONT DÉCÉDÉS A LECTOURE

Emilie Mellinger, veuve Rein, 68 ans, le 24 septembre 1939; Adolphe Poggioli, 29 ans, le 10 novembre 1939; Eugène Hurle, 75 ans, le 14 novembre 1939; Emile Sutter, 8 jours, le 22 novembre 1939; Marcelle Braber, 2 heures, le 25 novembre 1939; Philibert Illind, 80 ans, le 19 décembre 1939; Lina Muller, épouse Schaffler, 63 ans, le 2 janvier 1940; Ida Sacchi, épouse Finetti, 37 ans, le 3 janvier 1940; Auguste Ringgenberg, 57 ans, le 3 février 1940; Marie Schubiger, épouse Calabro, 48 ans, le 2 mars 1940; Jeanne Hinrrichs, épouse Keller, 51 ans, le 6 mars 1940; A. Franckle, veuve Schneberger, 54 ans, le 12 mrs 1940; Emile Friess, 72 ans, le 29 mars 1940; Georges Fehrenbacher, 79 ans, le 20 avril 1940; Louis Boeglin, 56 ans, le 27 mai 1940; Auguste Pfeiffer, 53 ans, le 5 juin 1940; Jean Giacomelli, 45 ans, le 17 juin 1940; Albert Ferrari, 2 ans et demi, le 7 juillet 1940; Reine Schorsch, 61 ans, le 28 juillet 1940; Louise Weber, veuve Zange, 65 ans, le 5 août 1940; Louis Rousseau, 77 ans, le 17 août 1940; Marie Schieb, veuve Martin, 80 ans, le 17 août 1940; François Spinhirni, 75 ans, le 18 août 1940.

Un certain nombre de ces réfugiés reposent en paix sous les cyprès de l'antique et idyllique cimetière qui domine la vallée du Gers.

La dépouille mortelle d'autres a été ramenée à Saint-Louis : François Bartz, Alphonse Chayrou, Emile Friess, Jean Giacomelli, Michèle-Rose Gruber, de Lectoure; André Heitmann, de Saint-Clair-du-Rhône; Bernardine Kitter, de Saint-Sever; Eugène Meyer, de Saint-Troyan-les-Bains; Justine Mouger, de Dax; Antoinette Ruhlmann, de Lectoure; Charles Reeb, de Nantua; François Spinhirny, Anne Schenoeberger, Reine Schorsch, Louise Zange-Weber, de Lectoure.

Bibliographie

Les témoignages oraux et écrits recueillis à Saint-Louis et à Lectoure en 1988-1989;

Georges Forlen, « Saint-Louis-Lectoure », récits et témoignages de l'évacuation 1939-1940, édité en 1969 (épuisé), à consulter aux archives de Saint-Louis.

René Loux, « Armi citoyens », mémoires d'un cheminot ludovicien; épuisé, archives de Saint-Louis.

Maurice Bordes, Pierre Feral, Georges Courtes, Maurie Larrieu-Duler et R. Castaing, « Deux siècles d'histoire de Lectoure (1780-1980) » (imprimerie OTR Marsolan 1981).

Lucien Kiechel, « Il y a 25 ans, 80 communes reçurent l'ordre d'évacuation », société d'histoire de Huningue, 1964; articles parus dans l'Alsace 1964 et dans le bulletin de la Société d'histoire de Huningue.

Mulhauser Tagblatt, édition du 6 décembre 1939.

Georges Haessig : lettres de 1939 parues dans « le Ralliement protestant », octobre 1979.

Nous avons également utilisé un texte édité par la mairie de Saint-Louis sur la commémoration et l'historique de l'exode à Lectoure, texte de Norbert Loeffler et Elisabeth Schulthess.

La criée du facteur

Dès 10 heures, le facteur distribue les lettres à la criée, au milieu d'une foule avide de nouvelles. Ce rendez-vous quotidien est certainement le grand moment d'information : l'on apprend ce que font parents et amis où qu'ils soient en France. On lit plus de lettres que de journaux. La confiance en la presse ou la radio est d'ailleurs plutôt douteuse. Les journaux ne circulent pas beaucoup : le passage chez le coiffeur est l'occasion de jeter un œil sur « Match ». Les postes de radio ne sont pas légion, surtout dans les logements dépourvus d'électricité. L'arrivée des permissionnaires est une autre source d'information attendue.

SAMEDI 2 SEPTEMBRE 1989

TÉMOIGNAGES

La grande aventure

[illegible]

[illegible]

[illegible]

ARRIVÉE À LECTOURE

[illegible]

600 litres de vin 600 kg de pain

[illegible]

Idylle aux vendanges

Germaine et Jean, l'Alsacienne et le Lectourois se sont mariés à Lectoure il y a quarante-sept ans et sont restés dans le Gers

Germaine Schreyer avait 15 ans lorsqu'elle débarqua du train à Lectoure avec ses parents, ses trois sœurs et ses deux frères. La famille Schreyer, comme beaucoup d'autres, trouva refuge sous la halle et s'installa sur des ballots de paille. Plus tard, ils seront hébergés par un Lectourois, M. Georges Danzas. Le père de Germaine, Joseph, est boucher. C'est lui qui tue les bêtes pour la communauté des réfugiés. La halle a été transformée en cuisine. « A cet âge, confie Germaine qui a conservé son accent alsacien, je n'ai pas eu de mal à me faire des copines et des copains. A Saint-Louis, j'étais à l'école française. Je n'avais pas de difficulté à communiquer malgré mon accent. Pour mes parents, c'était plus difficile. Ils parlaient le dialecte alsacien. »

L'un de ses frères, Marcel, rejoindra le maquis avec les frères Danzas, du côté de Pagnt-Abbatial. Marcel sera tué au cours d'un accrochage avec les Allemands. Son nom est gravé dans la pierre, sur une stèle, là où il est tombé. La famille Schreyer s'est installée à Lectoure.

Germaine a 17 ans. C'est une jolie jeune fille. Un jeune charpentier-menuisier lectourois passe chaque matin devant sa fenêtre. Il s'appelle Jean Bacarisse. Les deux jeunes gens se retrouvent pour les vendanges... et finalement convolent en justes noces le 20 juin 1942. Germaine et Jean Bacarisse, l'Alsacienne et le Lectourois, ont eu six enfants et dans trois ans ils fêteront leurs noces d'or...

Autres mœurs...

Les habitudes différentes peuvent faire sourire ou excéder, selon les caractères : « Ils font le café autrement, boivent du vin entre les repas, mélangent légumes et viandes ». Et cette ardeur à tout nettoyer, à pester contre puces, rats et égouts à ciel ouvert : de quoi mettre les hôtes mal à l'aise. D'autant que l'auréole d'ordre et de propreté s'évapore au départ de l'été 1940 : « Les réfugiés alsaciens de Saint-Louis qui ont quitté Lectoure ont laissé les locaux dans un tel état que personne ne veut plus recevoir de réfugiés. Mes amis et collaborateurs du centre d'accueil qui ont été pour moi des auxiliaires précieux que je ne saurais jamais assez remercier de leur dévouement, sont aussi à bout d'énergie. Ils sont découragés... », écrit le maire de Sardac au préfet, fin 1940.

TEMOIGNAGES

Louis Levy, tapissier à Lectoure

Son nom est encore inscrit en grosses lettres sur la boutique. Louis Levy, ici en compagnie du docteur Bernard Comte, est l'un des quelques réfugiés à être restés à Lectoure (Photo « Sud-Ouest »)

Louis Levy est aujourd'hui âgé de 81 ans. Pour « passer le temps » l'ancien tapissier de Lectoure restaure encore parfois une chaise ou un fauteuil, surveillé par son gros chat lové sur un coussin.

Louis Levy est israélite et juif de religion.

En 1939 il avait 21 ans, était déjà marié et avait une fille. Il habitait alors à Saint-Louis, lorsque le 1er septembre est tombé l'ordre de mobilisation. Son épouse et sa fille furent évacuées. Elles étaient parmi les réfugiés qui, après trois jours et trois nuits de pénibles pérégrinations ferroviaires s'arrêtèrent finalement à Lectoure.

Une lettre lui apprit les conditions de leur installation dans une ville que Louis Levy aurait eu du mal à situer sur une carte.

« J'avais hâte de les revoir, se souvient-il. Mais j'ai dû attendre la première permission ». C'était pour ce fameux Noël 1939 où un élan rapprocha les deux communautés, celle des réfugiés et celle des autochtones.

« C'était beau, c'était bien », dit simplement Louis Levy.

Démobilisé, il rejoint les siens à Lectoure. En septembre 1940, alors que les réfugiés repartent vers Saint-Louis, Louis Levy reste à Lectoure. Il savait, c'est ce qu'il avait de mieux à faire. Les nazis persécutaient les juifs. Là-bas, on lui aurait imposé le port de l'étoile jaune. Louis Levy trouve du travail chez M. Marqueste, un marchand de meuble lectourois. Il y reste durant toute la guerre. Même ici à Lectoure il n'est pas tout à fait à l'abri des persécutions.

« En août 1944, se souvient-il, des miliciens se sont présentés chez moi. Ils m'ont amené à la gendarmerie de Fleurance. Je devais prendre un train, probablement vers la déportation, avec d'autres juifs. J'ai eu une chance inouïe... Le train venait juste de partir. On m'a laissé rentrer chez moi. Un milicien m'a avoué qu'il avait touché 10 000 francs pour me livrer aux Allemands ».

Louis Levy ne sera plus inquiété jusqu'à la fin de la guerre. A la libération, il décide de rester avec sa femme et sa fille à Lectoure. D'ailleurs, il s'est fait des amis.

« On m'a toujours considéré comme un Lectourois », ajoute le vieil homme. Aujourd'hui, il est veuf. Sa fille a rejoint Mulhouse à 18 ans. Louis Levy est un retraité parmi d'autres, il s'est fondu à la cité qui l'avait accueilli. Son nom est encore inscrit en grosses lettres sur sa boutique de tapissier.

Boutique de Louis Lévy (juillet 2008)

Article publié le 27/12/2008 09:14 dans www.ladepeche.fr :

« Livres/CD/DVD. Jean-Michel Dussol : « Les déportés juifs du Gers ont désormais un visage. Les actes du colloque de mai 2008 sont publiés.

Les enfants Korenguendler à Ayzieux… le garçon, Moché est psychologue clinicien à Tel Aviv. Photo DDM. DR.

Depuis le congrès de fin mai, les persécutions juives dans le Gers, entre 42 et 44 ont des visages. Des destins, des vies brisées et volées, souvent en pleine jeunesse un recueil émouvant. Depuis quelques années on sait que la triste « rafle du Vel d'hiv » s'est poursuivie en province, méthodiquement organisée par l'administration de Vichy. Fuyant un sale climat, des lois ou des comportements racistes, le premier juif à s'installer dans le Gers, dès 1934, est un médecin Walter Katzenstein, qui s'est reconverti dans l'agriculture à la tête d'un petit domaine d'une trentaine d'hectares… Cinq ans plus tard, le mouvement s'intensifie... Et Guy Labédan, à l'issue d'une minutieuse enquête dans diverses archives estime cette population de Juifs réfugiés à 9 000 personnes, réparties dans pratiquement tous les cantons avec une forte proportion de plus de 200 personnes à Fleurance... Faut-il y voir le prolongement de la MOI et de son action en faveur des républicains espagnols ?

101 arrêtés le 26 aout 42

A Auch, la première rafle a lieu le 26 août 1942. 101 personnes seront arrêtées et déportées dans les deux jours qui suivent. Une nouvelle vague d'arrestations aura lieu fin février 1943, suivie de déportations, soit directement, soit avec une étape dans les camps de « rétention » de Gurs (Pyrénées atlantiques) ou du Vernet (Ariège), déjà étrennés par tous ceux qui avaient fui la répression franquiste.

Parmi ces réfugiés, qui avaient cru trouver l'apaisement et la sécurité dans le Gers, Manfred Starkaus, qui vivait à Lectoure, une existence quasi normale depuis qu'il était arrivé de Saint-Louis en 1939. Il fut arrêté, par les gendarmes de Lectoure, le 24 février 1943. Il disparaîtra dans l'enfer de Sobibor. Pierre Fleig, lycéen, à Salinis, mène au début, après les cours, une existence isolée et discrète avant de s'intégrer dans les groupes laïques d'éclaireurs unionistes. Il est à la colonie d'enfants juifs de Condom, le 26 août 1942, lors de la première rafle et de la visite officielle, à Auch, de l'amiral Darnand. Il survivra, d'autre, comme Haffner Hans, tomberont les armes à la main, dans un combat de la Résistance, livré avec le Bataillon de l'Armagnac.

Le livre édité par la société archéologique, réunit une vingtaine de communications et de témoignage, sur ces destins tragiques. Passionnant et émouvant.

« Familles juives dans le Gers (1939-1945), dans les librairies d'Auch et les maisons de la presse.

Guy Labédan, correspondant de l'Institut d'Histoire du Temps Présent (IHTP), a communiqué un article passionnant du journal « La Victoire » (juin 1945) qui décrit fort bien « la prise de Lectoure », le samedi 10 juin 1944 :

La Victoire [illegible] 17 juin 1945

LECTOURE

Les belles pages de l'histoire de notre maquis

LA PRISE DE LECTOURE

[illegible]

L'ATTAQUE D'ASTAFFORT

[illegible]

...ET CELLE DE CASTENAU-SUR-AUVIGNON

[illegible]

LA COMPOSITION DU MAQUIS LECTOUROIS

[illegible]

LE REVEIL DES MAQUISARDS

[illegible]

(manquent les lignes suivantes)

L'ANNIVERSAIRE

[illegible]

RAOUL-WERNER.

[illegible]

Jean Furieri, né en 1926 et décédé en 1989 des suites de ses blessures à la guerre : à 18 ans, il a été le premier à entrer dans la ville de Saint Louis à bord de son char d'assaut du 1er Régiment de Spahis algériens, et le premier à pénétrer dans la Mairie alsacienne libérée. Cette photographie a été prise dans le bureau du maire de Saint Louis, le jour de la remise de la médaille d'honneur de la ville de Saint Louis (fonds de son petit cousin Yann Le Fers-Dupac).

ASSOCIATION DES AMIS DE ST LOUIS :
Bref rappel historique (par Bernard Comte)

Septembre 1939. L'armée française laisse huit heures à la population pour évacuer St Louis. Après dix jours d'errance, arrivée à Lectoure de 3000 réfugiés dans des wagons 40 hommes 8 chevaux. Installation de la mairie de St Louis, les repas sont pris sous la Halle aux grains. Les Ludoviciens sont logés chez l'habitant à Lectoure et dans les communes environnantes.
Septembre 1940. Après l'armistice, retour des réfugiés à Saint Louis. Sont restés à Lectoure :
- les jeunes qui passeront ensuite dans la Résistance (Victor Muller, Paul Vetter, François Felmann, Paul Chaler, Albert Dienchin, Jean Hardoni de Huningue, Pierre Wolf et bien d'autres)
- et les Juifs (M. Lévy, le tapissier, Manfred Starkhaus, un jeune lycéen de 16 ans enlevé du collège Maréchal Lannes et mort en déportation).

1969. Georges Forlen, archiviste de Saint Louis, prend contact avec le maire de Lectoure, Maître Albinet.
1974. Passage à Saint Louis d'un car de Lectourois. Réception surprise mais officielle de Robert Castaing, maire de Lectoure. Pierrot Barada, conseiller municipal de Lectoure, amuse tout le monde.
1977. Réception officielle à Lectoure des élus de Saint Louis avec le maire Théo Bachmann. Plantation du sapin de Saint Louis sur l'esplanade de l'hôpital.
1979. A Saint Louis, création des Amis de Lectoure, association présidée par le docteur Platt, 1er adjoint.
A Lectoure, création des amis de St Louis, Robert Castaing nomme l'adjoint Bernard Comte Président délégué.
En Août, les cyclotouristes de St Louis rejoignent Lectoure en six étapes.
1980. Voyage en train spécial des Ludoviciens, près de quatre cents personnes sont logées chez l'habitant. Lectoure nomme trois citoyens d'honneur :

Le maire, Théo Bachmann
Le 1er adjoint, le docteur Guillaume Platt
L'archiviste Georges Forlen

Mariage de Carmen et Patrick Marconatto, en présence de ces élus.

1981. Voyage retour vers Saint Louis en train spécial. Deux cent soixante-dix Lectourois hébergés chez l'habitant participent aux fêtes du Jumelage.

1983. Décès de Georges Forlen.

1984. Fêtes du Tricentenaire de la fondation de la ville de Saint Louis.

- Fête du Cinquantenaire de la Libération de Saint Louis, organisée avec un faste extraordinaire par l'adjoint Jean Ueberschlag. Mon beau-frère François Geysse a fait partie des troupes qui ont libéré Saint Louis, (80e R.I.), ainsi que Roger Pader de la Vieille Côte à Lectoure, avec son régiment de Spahis.
- Voyage en car de cinquante Lectourois vers Saint Louis. Je reçois le diplôme de citoyen d'honneur, après avoir fait une exposition de dessins représentant la Lomagne
- Décès du docteur Platt, Joseph Werthle, maire adjoint, devient président délégué des Amis de Lectoure.

1986. A Lectoure, l'association lance les repas choucroute organisés sous la Halle aux grains, grâce à la participation enthousiaste de plus de cinquante bénévoles, avec des produits venus directement d'Alsace. Charly Jordy, employé communal de Saint Louis, est aux fourneaux.

1987. Décès de Théo Bachmann, maire de Saint Louis. Robert Castaing à la suite de six autres éloges funèbres, prononce dans l'église de St Louis un discours improvisé éblouissant.

1988. Adolphe Cronimus, maire adjoint, remplace Théo Bachmann.

1989. Jean Ueberschlag est élu maire de Saint Louis. Edith Pierson, conseillère municipale, devient présidente déléguée des Amis de Lectoure. Elle fait un discours remarqué à la foire de la Saint Martin de Lectoure.

1991. Les repas choucroute sont désormais organisés par l'U.S.L. Rugby Lectoure, avec l'assentiment de Robert Castaing. Grogne et démoralisation de tous les membres de l'Association. Le bénéfice de ces soirées était notre seule source de financement, il permettait une participation aux échanges scolaires avec Saint Louis et limitait les frais des familles.
1996. Réception à Lectoure d'une délégation de Saint Louis mené par le député maire Ueberschlag, comprenant une vingtaine d'adjoints et de conseillers municipaux. Repas dans les salles de l'Hôtel de ville pour les fêtes du 20e anniversaire du Jumelage. Décès d'Albert Hartmann, secrétaire général de Saint Louis et citoyen d'honneur de Lectoure.
1997. Voyage retour à Saint Louis avec soixante Lectourois pour fêter là bas le 20e anniversaire du Jumelage
1998. Le Théâtre d'un Jour, sous la direction d'Annie Descamps, se produit au festival international de théâtre. Il y aura ensuite quatre autres participations.
1999. 60e anniversaire de l'exode avec l'édition d'une enveloppe prêt à poster tirée à 100 000 exemplaires, dessinée en commun par Célestin Meder et moi-même.
- Concert d'accordéon avec l'orchestre de jeunes de M. Colombo de Saint Louis.
- Réception de quatre-vingts Ludoviciens, venus en avion pour la plupart. Repas sous la Halle aux grains ; un modèle réduit d'autel taurobolique en pierre sculpté par Julien Puppato est offert à notre ville jumelle.

Sur ma proposition, la ville de Saint Louis achète la maison des sœurs de la Providence, place Gambetta, devenue depuis Maison de Saint Louis.
2000. A la suite d'un profond différend avec les chefs de service administratifs de la ville, je donne ma démission de maire adjoint et de toutes les tâches afférentes, y compris celle de président délégué des Amis de Saint Louis. Robert Castaing démissionne aussi, remplacé par le docteur Gérard Duclos.
2001. Réception à Saint Louis du nouveau conseil municipal de Lectoure sous les voûtes de la Coupole récemment terminée, le

lendemain de la catastrophe AZF de Toulouse, le 21 septembre 2001.
Les Amis de Lectoure (Saint Louis) me nomment membre d'honneur de leur association.
La suite, c'est vous qui allez l'écrire maintenant.
Les échanges scolaires en alternance une année sur deux entre Lectoure et Saint Louis ont été très fructueux. De nombreux écoliers ont pu bénéficier de ces échanges et se rendre compte par eux-mêmes qu'il y avait des horizons plus larges que ceux de Lectoure, avec Saint Louis placé entre l'Allemagne et la Suisse, et la communauté européenne de Strasbourg toute proche. Le premier échange entre M. Sutra et la sœur directrice d'école valait le déplacement, car en Alsace il n'y a pas la séparation entre les Eglises et l'Etat, instaurée en France par la loi du 9 décembre 1905.
- Le directeur d'école, Yves Castin, avec M. et Mme Troyes, ont beaucoup contribué à ces échanges, ainsi que les professeurs Jean Lust et Jean-Marie Béraud.
Sur le plan culturel, André Guermann, trésorier de l'Association des Amis de Lectoure, toujours hébergé chez les Gauran de Lacassagne, a fait de nombreuses expositions ici à Lectoure. Il a en 1998, donné au 3e Age plusieurs tableaux pour décorer leurs locaux.
En 2001, Jean-Claude Bertrand, de Lectoure, a fait une exposition de peinture à la Coupole de Saint Louis avec la participation du jazzman Archie Shepp. C'est lui qui a réalisé le tableau offert par la ville de Saint Louis en 1999.
Je cite pour mémoire les nombreux échanges entre pompiers, rugby, cyclotouristes, écoles de musique, etc.
Je tiens à remercier tous les nombreux Lectourois qui ont participé aux voyages, à tous les bénévoles des repas gascons, mais je voudrais citer spécialement deux personnes de Lectoure :
- Cathy Lagarde, qui a accompli pendant plus de 20 ans un fastidieux travail de secrétariat ;

- Michou Muller, qui s'est dévouée pour les repas choucroute et pour les repas gascons à Saint Louis (daube ou cassoulet au choix).

Les nombreux voyages aller ou retour avec hébergement chez l'habitant ont permis de tisser des liens d'amitié très fort entre des personnes qui au départ n'avaient rien en commun. Correspondances et visites privées s'ensuivent.

Ce sont ces liens personnels qui ont permis de maintenir et de poursuivre les relations entre nos deux cités malgré les divers changements politiques.

Comme le disait le docteur Platt à Lectoure en 1979 : « La porte de l'amitié est ouverte et ne se refermera pas »

Editeur :
Books on Demand GmbH,
12/14 rond point des Champs Elysées, 75008 Paris, France
Impression :
Books on Demand GmbH, Norderstedt, Allemagne

Dépôt légal : novembre 2009

ISBN :

9 782810 616343

www.bod.fr

Pierre Léoutre
122 rue nationale 32700 Lectoure (Gers, France)

www.pierreleoutre.com